地球空间信息学前沿丛书（第二辑）

# 外语地名机器翻译理论与方法

毛曦　马维军　路文娟　程瑶　王继周　杜川　著

WUHAN UNIVERSITY PRESS
武汉大学出版社

**图书在版编目(CIP)数据**

外语地名机器翻译理论与方法/毛曦等著.—武汉：武汉大学出版社,2024.10(2025.6重印)

地球空间信息学前沿丛书. 第二辑

ISBN 978-7-307-24409-2

Ⅰ.外…　Ⅱ.毛…　Ⅲ.外语—地名—机器翻译—研究　Ⅳ.H059

中国国家版本馆 CIP 数据核字(2024)第 109241 号

责任编辑:鲍　玲　　责任校对:鄢春梅　　版式设计:马　佳

出版发行:**武汉大学出版社**　　(430072　武昌　珞珈山)

(电子邮箱:cbs22@whu.edu.cn　网址:www.wdp.com.cn)

印刷:湖北恒泰印务有限公司

开本:720×1000　1/16　印张:11　字数:179 千字　插页:2

版次:2024 年 10 月第 1 版　　2025 年 6 月第 2 次印刷

ISBN 978-7-307-24409-2　　定价:69.00 元

# 前　言

　　地名作为地理实体的专有名称，是地理信息的重要内容，存在历史、文化等多方面意义。随着"一带一路"倡议的推进，中国与世界各国的联系日益紧密，对境外地名数据的需求随之增大。然而，人工翻译地名费时费力且人的主观意识强，不适合大批量的境外地名翻译。

　　全书在分析总结现有国内地名翻译以及机器翻译发展现状的基础上，重点阐述了外语地名机器翻译理论与方法技术。全书共分为 10 章：第 1 章介绍地名的基本概念、地名翻译基本方法以及相关技术研究现状；第 2 章介绍地名专名音译知识图谱相关概念以及构建方法；第 3 章阐述基于知识图谱的地名专名音译方法；第 4 章主要探讨基于深度学习的地名专名音译的主要模型、优化方法等关键问题；第 5 章探讨顾及音译意译的地名机器翻译方法基本原理；第 6 章探讨基于语法特征的地名通名自动发现技术；第 7 章论述派生地名的基本概念、分类以及空间约束条件；第 8 章探讨基于知识图谱的派生地名自动识别方法；第 9 章探讨了顾及派生关系的地名自动翻译方法；第 10 章对外语地名机器翻译技术在实际测绘工程中的应用作了简要介绍。尽管本书所阐述的各项技术已经应用于"全球地理信息资源建设与维护更新"项目，但是由于地名机器翻译涉及理论知识广、技术复杂，书中所介绍的内容难免与工程实践稍有偏差，恳请读者批评指正。

作者

2024 年 1 月 29 日

# 目　　录

# 第1章　概　　述

## 1.1　背景

　　地名是人类文明经过长期发展并达到某一特定程度的产物，往往会随着社会经济的发展而不断变迁。《中国大百科全书》将地名定义为"人们赋予某一特定空间位置上自然或人文地理实体的专有名称"。依照学术界的研究，地名是一定社会群体为便利自己的生产和生活而约定的专有地物或地域的名称，包括山、河、湖、海等自然物，道路、村落、矿山等人工物以及政区、自然区、农庄等区域。① 著名地理学家曾世英给地名下了定义："作为泛称，地名就是地方的名称；作为专指，每一个地名都是人们对地理环境中具有特定位置、范围及形态特征的地方所共同约定的语言代号。"②

　　近几十年来，随着信息技术的发展，传统数据逐步实现信息化、电子化存档。在这个大环境下，地名作为信息的载体，特别是地理信息载体的特征愈发凸显。地名是空间数据库的重要组成部分，地名是基础地理信息中的重要地理要素，对测绘地理信息事业发展的重要性不言而喻。地名的缺失将直接影响地理信息资源的使用效果与应用深度，导致花费大量财力、人力、物力所生产的地理信息资源无法发挥其实际价值。

　　我国已经建成系列比例尺的地理信息资源数据库，但这些地理信息资源数据库信息大多局限于我国境内。在我国全面推进现代化建设，经济规模显著增长，

---

① 资料来源：https：//www. 163. com/dy/article/I18N6T1L0541A65D. html.
② 资料来源：http：//views. ce. cn/view/ent/201506/15/t20150615_5640372. shtml.

综合国力大幅度提升，不断融入世界、影响世界的大背景下，随着"一带一路"倡议、"走出去"战略等的推进，无论是从政治、经济、环境的角度出发，还是对国家安全及国防军事方面的考量，都迫切需要数据库的建立突破国界，放眼全球，建立全球地理信息资源数据库。国家高度重视全球地理信息资源建设工作。《全国基础测绘中长期规划纲要（2015—2030 年）》指出，开展全球地理信息资源建设，加快对覆盖我国海洋国土乃至全球的基础地理信息资源获取；《中华人民共和国国民经济和社会发展第十三个五年规划纲要》要求"提升测绘地理信息服务保障能力，推进全球地理信息资源开发"；《关于经济建设和国防建设融合发展的意见》提出"统筹测绘基础设施建设，强化全球测绘，推进全球地理空间信息基础设施建设和应用"。《测绘地理信息事业"十三五"规划》将"全球地理信息资源开发"作为今后测绘地理信息事业的"五大任务"之一。《自然资源部关于加快测绘地理信息事业转型升级 更好支撑高质量发展的意见》中提出加快测绘地理信息事业转型升级，更好支撑高质量发展的意见，突出了测绘地理信息服务在支撑经济社会发展中的重要性。2017 年 12 月，国家正式启动全球地理信息资源建设与维护更新工程（简称"全球测图"）。然而，全球测图主要目标区域位于我国境外，地名信息大多不使用中文表示，这对后期境外地名数据的使用造成了不便。因此，迫切需要针对全球地名特别是境外地名的特点，研究地名翻译方法，为后期地名数据的使用及相关基于地名空间位置服务提供有力的保证。

目前，外语地名的翻译以人工翻译为主，翻译耗时耗力，效率低下，而且对专家知识水平要求很高。因此，现在的外语地名翻译无法大规模生产，无法满足当前全球地理信息建设的需要。所以，开展外语地名机器翻译技术研究，有助于提高外语地名翻译效率，对推动全球空间信息获取与应用工作具有重要意义。

# 1.2 地名基本概念

## 1.2.1 地名概念

地名的含义丰富饱满，承载着当地的信息，很多时候通过地名可以了解当地的风俗习惯。地名的定义可以用多种方式描述，不同的术语反映了定义者的职业和生活环境。但是，地名有三个主要含义：

(1)人们使用地理名称来表达地理实体，这是地理实体的符号。地名是人类生活中人们喜欢的名称，并不是自然存在的。人类首先通过口头告知地名，随着所传播人数的增加，结果逐渐形成并最终得到政府和社会的认可。

(2)代表地名的实体多种多样，表达种类多样，覆盖范围广泛。它们不仅有自然的地理实体，而且有人文的地理实体，不仅有陆地的，也有海洋的，随着社会的发展，地名的表达也在不断变化。

(3)地名通常根据国家行政部门、人口聚居区或地理实体确定标识。这种标识是独一无二的，一旦命名，人们可以不由自主地了解地理名称的基本属性信息，例如位置、时代属性以及以地理名称表示的地理实体的范围。

## 1.2.2　地名特性

地名具有社会性。地名是社会的产物，它的名字和发展总是受到社会发展水平的限制。如果没有从 15 世纪到 17 世纪的海洋探险和地理大发现，就不会有太平洋、印度洋和其他海洋地区的名称。地名是社会文明、人类活动等一系列因素全面发展的结果，因此，地名不仅是地理实体的象征，而且反映了社会层面的含义。

地域性是地名的另一特征。区域地名，在不同自然地理和不同人文地理条件下具有相同特征的地理实体或范围，其命名条件也有很大不同，这反映了地名的地理本质。比如在欧美地区同样的自然村落叫做小镇，而中国对其称谓是村、庄、寨、屯、场等。江、河是中国不同的地方对河流的区分，因此地域性是地名的显著特点。

稳定性和可变性也是地名的显著特征。对地名有重要影响的因素是地理位置和环境状况。一个地方的地形、景观、山脉、河流和气候特征将对该地方的地名产生一定影响，这在中国更为明显。在中国有的地名历经成百上千年不会变化，比如长江、长城、黄河、黄山、王屋山等。可以看出，地名的稳定性是其一个重要特征。一方面，地名的稳定性有助于确保其长期保存流传，另一方面也有助于其进一步发展变化，这主要反映在社会时代的变化中。当人类生活的社会土壤发生变化时，地名也发生了变化。大致来讲，地名的可变性体现在三个方面：第一是地名称谓的变化，以开封称谓的变化为例，经历了老丘、大梁、陈留、汴州、东京、汴京、汴梁、开封等；第二是地名所指代的区域的变化，比如过去北京城指的是老北京的东城、西城两个区域位于城墙内，如今所指代的北京和以往早已大相径庭了；第三是地名指代的位置发生变化，如北宋年间东京指代的是我国如今的开封，而现在日本的首都是东京。

地名是分层的。层次结构是地名的另一个特征，所有地名都有一定的层次结构，这在制图和地理信息工程领域尤为明显。在这些领域，将不同级别的地名合并为一个地理层以存储数据本身就是比较重要的工作，行政区划、山川河流、地形地貌等是一般的地理图层内容。

我们的星球可以分为七大洲和四大洋，也可以根据世界各国的行政区划分为一层。水系图作为一个图层，铁路和公路交通图都可以作为一个图层。更详细地说，每个国家的第一级行政区、第二级行政区甚至第三级行政区都可以分别用作一个层。这样，每个地理层都有自己的一套地名供用户使用。地名具有地域性。同一种类的地物在不同的自然地理、人文地理环境中形成的命名规则不同，其命名也大不相同，反映了地名的地域性。

### 1.2.3　地名分类

地名的类型有很多，并且地名具有复杂的命名方案。地名通常包含一个适当的名称、通用名、别名、缩写、全名，等等。为了便于查找和检索地名，需要对地名进行分类。地名分类标准因用户而异，结果也不尽相同。但是一般的地名库都是依据地理实体的地理特征进行分类。公开地名网站 geonames 将地名分为人口聚集地、建筑物等十类；OSM（Open Street Map）网站则将地名分为道路、水系、铁路等二十余大类别。

### 1.2.4　地名构成

地名由地名专名和地名通名组成。地名专名是地名中用来区分各个地理实体的词。如圣玛丽医院中的圣玛丽、贝加尔湖中的贝加尔等。地名通名指地名中用来区分各个地理实体类别的词，如江、河、湖、海、医院、学校等。一般来说，"专名+通名"是地名的标准格式。但是也有一些其他的格式，如只有专名省略通名的、"通名+专名"倒装式的、"专名+通名"倒装式的，等等。除此之外，地名中通常还有介词、冠词等辅助性成分。

## 1.3 地名翻译基本方法

### 1.3.1 地名翻译的基本流程

外语地名翻译的原则是地名专名音译，地名通名意译。在地名翻译的过程中首先要区分出通名和专名，通名按照通名库或者专家知识进行意译，专名则要进行音译。在专名音译时，根据音标序列对照《外语地名汉字译写导则》(GB/T 17693，以下简称《导则》)中所规定的相应语种的音译表转写为中文，同时应参照其他音译规定对音译结果进行调整。最后，结合通名意译和专名音译的结果，参照其他构词成分和翻译规则，得到最终的翻译结果。

### 1.3.2 地名翻译的基本原则

地名标准化包括罗马拼写标准化和汉字标准译写标准化。地名数据是由专业译名人员依据已有标准或译名规范核实外文拼写的规范性，并根据罗马拼写要求和译音表进行汉字译写而成的。汉字译写总体原则如下：

(1)地名专名音译。

(2)地名通名意译。

(3)汉字词翻译和经常命名的地名继续沿用，派生的地名也译作同名。

(4)地名应使用国家标准和最新官方文件中的标准名称，如地图、地名词典、地名录等进行翻译。

(5)译写地名使用的汉字使用我国发布的相关语言音译表，没有音译表的，制定该语言音译表。

### 1.3.3 地名专名音译方法

地名专名音译一般按照《导则》进行。根据语种不同，译音表大致可分为以下三类：第一类为根据地名专名罗马化后形式进行音译，例如阿拉伯语；第二类为根据地名专名音标进行音译，例如英语；第三类为根据专名字母组成即可进行音译，例如西班牙语。

大部分地名专名除了按照译音表完成地名专名的音译外，还要按照《导则》所规定的特殊情况进行处理。例如：

(1)英语地名专名音译主要特殊规定为：

①元音字母 a，e，i，o，u 的读音较为复杂，无论在重读音节还是在非重读音节中，一般按其读音的音标译写。

②字母 a 在词首音节和词尾音节发[ə]音时，按《导则》中表1①[aː]行汉字译写，字母 o，e 在词首音节发[ə]音时，分别按表1②[e][ɔ]行汉字译写。

③字母 o 在 go，ko，mo，no 四个音节发[ə]音时，按"戈""科""莫""诺"译写；o 在词首时，一般按"奥"译写。

④字母组合 ai，ay 在词首发[ɛ]或[ei]时，按表1③[ai]行汉字译写。

⑤字母组合 ia 在词尾时，按表1④[i]行汉字加"亚"译写。

⑥辅音字母 m 在 b 和 p 前按[n]译写，但当 m 后面的 b 不发音时，按[m]译写。

⑦以辅音字母 r 或 re 结尾的音节，音标为[ec][iə][aiə][auə][juə][uə]时，[ə]按"尔"译写；音标为[ɛə]时，按表1⑤[e]行汉字加"尔"译写。

⑧辅音字母 s，无论发[s]或[z]音，均按表1⑥[s]行汉字译写。

⑨读音为[ain][ein][juːn]时，分别按表1⑦[ai][ei][juː]行汉字加"恩"译写。

⑩读音为[ɔi]时，按表1⑧[ɔ]行汉字加"伊"译写。

⑪[l][m][n]与其前面的辅音构成"成音节"时，分别按[l][m][n]与其前

---

①②③④⑤⑥⑦⑧ "表1"是指 GB/T 17693.1—2008《外语地名汉字译写导则 英语》中的表1。

面的辅音之间加[ə]译写。

⑫读音为[tr][dr]时，分别按表1①[t][d]加[r]行汉字译写。

（2）西班牙语地名专名音译主要特殊规定为：

①辅音字母 m 在 b 和 p 前按表1②"恩"行汉字译写。

②双字母 cc 在 a、o、u 前按表1③"克"译写；在 e、i 前按表1④"克"加"斯"行汉字译写。

③双辅音字母 ss 和 sc（和 e、i 相拼时）按表1⑤"斯"行汉字译写。

④带重音符号的字母如 á、é、ò（í、ú 除外）等字母与无重音的字母发音相同，对音译结果无影响，可直接替换。

⑤y 是半元音字母，在词尾作元音 i，在元音前作辅音 y。

⑥辅音字母 x 在辅音前按 s 行汉字译写，在两个元音之间和词尾按 c 加 s 行汉字译写。

⑦oa、oe、io、aí、iú、uí 分别按两个元音译写。西汉译音表中对于 oa、oe 本就是按照两个元音译写，io、aí 在进行汉字译写时根据其两个元音的发音选取了符合规则的汉字，故 oa、oe、io、aí 组合不再处理。

⑧uai 按 u 加 a 译写，ain 及其组合按 ai 横行汉字加 n 译写，ian 及其组合按 i 横行汉字加 an 译写。

⑨辅音字母 h 系无声字母，在两个元音之间按两个元音译写，在辅音后、开头和结尾直接删除即可。

⑩辅音字母 ll 在西班牙地名中发[λ]音，按译音表"利"行汉字译写。

## 1.3.4　地名通名意译方法

《导则》中提供了各个语种常用通名和常用词汇译写。例如："英语地名常用通名和常用词汇译写表"部分如表 1-1 所示。对于仅有专名的自然地理实体名称，汉字译写时加相应的通名。当通名为一词多义时，应视通名所指的地理实体类别译写。然而，在实际的地名翻译工作中，通名的数量远远超过《导则》

---

① "表 1"是指 GB/T 17693.1—2008《外语地名汉字译写导则 英语》中的表 1。

②③④⑤ "表 1"是指 GB/T 17693.5—2009《外语地名汉字译写导则 西班牙语》中的表 1。

中现有的数量，一般需要进行大量的收集整理工作。

表 1-1　　　　　　　　英语地名常用通名和常用词汇译写表

| 英语 | 意译 | 英语 | 意译 |
|---|---|---|---|
| abbey | 教堂 | cascade | 瀑布 |
| airfield | 机场 | castle | 堡 |
| airport | 机场 | cataract | 瀑布 |
| anchorage | 锚地 | cave | 洞、溶洞 |
| aqueduct | 沟、渠 | cay | 礁、岛 |
| archipelago | 群岛 | cemetery | 墓地 |
| arm | 湾、河、支流 | center | 中 |
| atoll | 环礁 | central | 中 |
| bank（s） | 浅滩 | channel | 水道、海峡、深海水道 |
| bar | 沙洲 | church | 教堂 |
| barrow | 山 | city | 城、市 |
| basin | 盆地、海盆 | cliff | 陡崖 |
| bay | 湾 | clough | 峡谷 |
| bayou | 湖、长沼 | coast | 海岸 |
| beach | 滩 | college | 学院 |
| beacon | 灯塔 | cone | 丘、深海锥 |
| bench | 阶地、海底阶地 | cordillera | 山脉、海底山脉 |
| big | 大 | county | 县、郡 |
| bight | 湾 | cove | 湾 |

## 1.3.5　其他构词成分翻译基本原则

《导则》中还规定了地名中其他构词成分（例如，冠词、介词、连词等）的翻译基本原则，具体如下。

《导则》中关于英语地名存在的冠词、介词、连词、人名等规定(部分)如下:

(1)专名(含专名化的通名)一般音译。两词间相邻的同音辅音按一个辅音译写。

(2)专名中的冠词音译,但位于词首时省译。

(3)专名中的介词:

①介词音译,但前一词词尾的辅音与后一词词首的元音拼译。

②介词 with 用连接号"-"(占半个字长度)表示。

③介词短语以河、湖、海、山、沼泽、森林等自然地理实体通名说明该地名的地理位置时意译。

④介词短语以河、湖、海、山、沼泽、森林、地区、教区等专名说明该地名的地理位置时,专名音译并加相应通名。

(4)专名中的连词:

①连词 and 用连接号"-"(占半个字长度)表示。

②连词 or 后面一词的译写用圆括号括注。

③明显反映地理实体特征的专名一般意译。

④以人名命名的专名按照英语地名中常用人名译写表进行翻译,英语地名中常用人名译写可参考《世界人名翻译大辞典》等资料。

⑤以人名命名的专名,姓、名各部分之间加间隔号"·";单字母缩写省译。

⑥以冠有衔称的人名命名的专名,衔称意译。

⑦位于通名前表示所属关系的 's 省译。

⑧具有一定意义或音译过长的专名一般意译。

⑨以数词或日期命名的专名意译,仅以一个数词作专名时音译。

⑩对专名起修饰作用的形容词(如表示方位、大小、新旧等)意译。

⑪对行政区域和自然地理实体通名(省、地区、岛、礁、角等)起修饰作用的方位词意译。

(5)单音节词地名:

①由单音节词构成的地名,汉字译写时加相应的通名。

②由复合元音构成的单音节词地名按两个单元音译写。

③以字母 r 结尾的单音节词地名,汉字译写时加"尔"字。

(6)由两个词(或两个词以上)构成的专名，其音译译名超过 8 个字时，第一个词后加连接号"-"(占半个字长度)。

《导则》中关于西班牙语地名相关规定(部分)如下：

(1)以数字或日期命名的专名意译，如 Departamento de Terinta y Tres(三十三人省)。

(2)对专名起修饰作用的词(如表示大小、方位、新旧等)意译，如 Pampa Grande(大潘帕)、Sierra Mader Occidental(西马德雷山脉)、Nuevo Gurrrero(新格雷罗)。

(3)行政区域名称和自然地理实体通名(省、地区、岛、礁、角等)起修饰作用的方位词意译，如 Central Departamento(中央省)。

(4)专名中的冠词和前置词音译，译名过长时，一般在前置词前加连字符"-"，如 Las Navas de la Concepción(拉斯纳瓦斯-德拉康塞普西翁)。

(5)专名中的连词 y 或 e 用连字符"-"表示，如 Albella y Janovas(阿尔韦利亚-哈诺瓦斯)。

(6)专名中的连词 o 或 u 在连接正名和副名时，副名译名用圆括号标注，如 Isla Plana o Nuava Tabarca(普拉纳(新塔瓦尔卡)岛)。

(7)专名中用的前置词用以说明该地名的地理位置特征时意译。用一级新行政区划名称说明该地名的地理位置，如 Alhama de Murcia(穆尔西亚省阿拉马)，只用海、河、湖通名词说明该地名的所在位置，如 Arandilla del Arroyo(滨河阿兰迪利亚)，用河流全称说明该地名所在地理位置的，如 Berlanga de Duero(杜罗河畔贝尔兰加)。

(8)由两个以上的词组成的地名，其汉字译名超过 8 个字时，各词间用连字符"-"连接，如 Embalse Florentino Ameghino(弗洛伦蒂诺-阿梅吉诺水库)。

# 1.4 相关技术研究现状

## 1.4.1 地名翻译现状

地名是人们赋予某一特定空间位置上自然或人文地理实体的专有名称，它记载着民族兴衰、社会变迁、经济生产、军事活动和地理环境变化等多维度信息[1]，同时也是表达地理信息数据库精度和可靠性的重要内容之一[2]。世界各国或地区使用的语言种类繁多，到目前为止，全世界使用的语言就已超过 7000 多种，从而使得各个国家的地名数据库使用的语言五花八门，而地名数据作为地理信息产品必要的基础数据，给各国使用地理信息产品进行国际交流活动带来巨大障碍。为此，早在 1950 年左右，联合国便开始商讨解决全球地名标准化问题。1970 年，联合国成立了"地名专家组"，并设立了遍布全世界的语言地理分部[3]，各分部的专家根据本地区和语种特点来解决地名问题，为了方便各类专家从事本项工作，随即设立了 12 个工作组。1967 年，联合国经济及社会理事会决定召开联合国地名标准化会议，该会议每隔 5 年召开一次，为了统一地理名称，第九届联合国地名标准化会议推出了全球性的地名资料库[4]。随着国际地名组织和国际地名标准化会议的召开，世界各国积极投入全球地名事业中来，特别是美国、俄国、英国、德国等欧美发达国家不仅建立了本国的地名数据库，还建立了世界地名数据库，并将其应用于经济合作、政治外交、军事行动等国际交流活动。随着大数据、人工智能、知识图谱等新兴计算机技术的快速发展，发达国家与发展中国家在地名信息化领域的差距日益加大。为了追赶欧美发达国家，维护国家安全与国家利益，积极应对复杂的国际局势，抢占战略制高点，争夺国际话语权，为国家信息化建设提供战略支撑，我国相关部门相继开始建设服务于我国的全球地名数据库。我国作为多民族、多语言、多文种的国家，到目前为止，所使用的语言已超过 80 多种，所使用的的文字也超过 30 多种。在建设服务于我国的全球地理信息数据库时不仅要解决境外地名的汉译问题，还要解决少数民族的地名汉译问题。为此，我国许多学者对地名的翻译研究主要集中在少数民族地名和境外地名的翻译问题。

**1. 国内地名翻译研究现状**

1）少数民族地名翻译

我国是多民族国家，由主体民族和 55 个少数民族构成，其中主体民族为汉族，使用的语言为汉语；少数民族由壮族、满族、回族、苗族、蒙古族、藏族等55 个民族构成，每个少数民族都有自己的语言体系。少数民族地名作为各族人民日常交流活动中常见的地理数据，涉及当地民族习俗、民族宗教信仰、历史传承、地理环境等文化内容。为了少数民族区域的长治久安、民族团结以及我国的地名标准化，有必要对少数民族地名的汉译进行标准化、规范化。为此，国家地名普查办陆续开展了全国地名普查工作，尤其重视民族语地名的搜集入库。国内很多学者对少数民族地名汉译进行了大量研究。杨钰安、郭勇[5]从音译法的角度，对新疆地名汉译方法进行了分析研究。艾赛丽古丽·吐尔迪[6]对我国传统小说《西游记》中的维吾尔语地名从地名翻译原则、翻译方法以及存在的缺陷进行了分析和研究。尼玛顿珠[7]对西藏地区的藏语地名汉译过程中存在的错误案例进行了分析，并阐述了错误的藏语地名翻译给区域文化交流和发展带来的负面影响，对未来的藏语地名汉译工作具有借鉴意义。泽仁邓珠[8]对藏汉地名翻译的翻译策略和现状进行了研究和分析，提出了提高藏语地名汉译质量以及标准化的建议。泽珍卓嘎[9]针对木雅地区藏汉地名翻译存在的混乱现象进行了分析，归纳总结了藏语地名和汉语地名的特点，以及重点分析了木雅地区藏语地名汉译存在问题的原因，在此基础上，对藏汉地名翻译的统一规范化提出了建议。针对宁夏地区路标中的地名，王聪[10]结合阿拉伯语音译标准，研究出了符合宁夏地区的路标汉语地名阿拉伯语翻译方法。

2)中文地名外文翻译

随着我国与世界各国的交流日益频繁，来华的外籍游客日益增多，为了便于外籍人士的日常出行和交流活动，需要将汉语地名进行音译。对此，国内学者们开展了关于汉语地名的英译研究，针对我国各地的公共交通设施的汉语地名英译问题，高雅镕、高存[11]结合地铁站的站名和特征，对地铁站名的英译进行了相关研究，对各类地铁站名提出了相应的汉语地名英译建议。刘雅文[12]对我国的英译地铁站名进行了英译用语规范性研究，提出了要提高我国英语地铁站名的国际化程度，对地铁站名进行英译时应尽量保持拼写形式和词语选用的统一、汉语拼音拼写和英文译写的规范化等建议。针对公示语中的汉语地名的英译，魏宏泽[13]研究了转喻机制在公示语汉语地名及其英译地名中的解释力和操作模式。针对我国旅游景点所涉及的地名，Ling Zou[14]基于目的论的角度，对汉语地名的英译提出了应遵守约定俗成原则、统一性原则、人名从属原则、经济性原则等四项基本原则的建议。

## 2. 境外地名翻译研究

随着我国综合国力的不断提升，我国在国际事务中的影响力不断提高，我国与世界各国在经济、政治、文化、军事等领域的合作交流活动日益频繁。为了更全面地了解世界各国的地理国情，迫切需要建设服务于我国的全球地理信息数据库。全球地名数据库是全球地理信息数据库中最重要的基础数据之一，在建设我国的全球地名数据库时需要将超过 200 多种语言的外语地名翻译成汉语，而地名象征着一个国家的领土主权，错误的外语地名翻译不利于我国的国际交流，甚至引起不必要的国际纠纷。对此，国内许多专家学者进行了一系列的外语地名汉译研究。李捷[15]针对英汉地名互译问题，提出了"目标语倾向原则"，该原则主张在将英文地名翻译成汉语地名时，应尽可能地选择高频汉字，且地名读音与英语地名相近；将汉语地名翻译成英语地名时，对于音译部分应采用音标进行标注。陈昕[16]对多源境外地名的数据融合、去重等数据预处理方面进行了研究，并结合境外地名汉译的相关理论对地名专名音译流程进行了总结，设计出地名专名音节划分的辅助切分规则，最终研发了境外地名翻译系统。牛佳新[17]对英语地名中存在的外来语地名翻译策略进行了研究。蒋小菊[18]通过总结俄语铁路技术文件中涉及的地名特征，研究出了一些俄语地名翻译方法。李飞[19]对柬埔寨地名的汉译方法进行了研究，结合柬埔寨地名的特点并对地名翻译规律进行了归纳总结，提出了关于柬埔寨地名翻译方法的建议。Mahmoud Osama Abdel Maboud Taha[20]对《古兰经》中地名的翻译策略进行了系统性剖析，对外语地名的翻译具有借鉴意义。

## 3. 地名翻译规则

地名作为一个国家的基础地理数据，已广泛渗透于国际政治外交、经济贸易、军事合作、人文交流、环境保护等各个领域。它蕴含着一个国家的人文历史、宗教信仰、神话传说、地理环境、社会变迁等信息。因此，地名翻译的标准化、规范化对我国的国际交流以及各国人民的生产生活具有重要意义。为了响应联合国全球地名标准化的提议以及满足社会各领域对标准化地名数据的迫切需求，我国有关机构相继提出了一系列地名翻译标准规则：1996 年，我国地名译写委员会提出了英、法、德、西、俄、阿 6 种语言的译写草案；1977 年，中国地名委员会制定了《外国地名汉字译写通则》（使用稿）；在此基础上，1981 年，中国地名委员会重新修订了《外国地名汉字译写通则》并扩展了其他语种的音译表；1999 年，我国有关部门相继发布了外语地名汉译的国家标准——《外语地名汉字译写导则》。从此，我国的地名翻译事业有了官方的指导准则，《外语地名汉字译写导则》中明确提出了"名从主人""约定俗成""尊重规范""规范用字""从新从简""专、通名区分"等外语地名翻译准则[21]。除此之外，我国许多学者对外语地名翻译策略进行了大量相关研究。针对唐诗中汉语地名的英译问题，黄遥[22]从译介学视角针对国内外学者对地名专名翻译所采用的翻译策略进行了研究。牛佳新[23]针对汉译英文版的老挝琅勃拉邦旅游手册中的汉译地名，对英语中的外来语地名翻译策略进行了研究。吴云[24]对美国地名译写项目中存在的通名翻译问题、以美国国家名称为地名专名的翻译问题展开了研究，并提出了一些关于提高英语地名翻译规范性、可接受性以及统一性的地名译写建议。

## 1.4.2 机器翻译研究现状

### 1. 机器翻译的历史

机器翻译（machine translation，MT）是指将一种自然语言转换为另一种自然语言的过程[25]。机器翻译的研究始于 19 世纪 40 年代末，1949 年 Weaver 首次提出使用计算机进行翻译的思想，将翻译看做"解码"过程，并提出了避免出现"字对字"的四条具体原则：语境对词汇意义的影响、语言的逻辑与推理、翻译过程与解码过程以及语言的普遍性特点。1949 年至 1960 年机器翻译研究得以兴起和快速发展。1960 年至 1967 年，学者们开始将语言学中的句法知识融入机器翻译，建立了基于句法分析的机器翻译模型，但在实践应用中发现建立的转换法则和句法分析模型无法解决语义歧义问题，研究者们开始质疑机器翻译的可行性。机器翻译发展出现停滞。1967 年，北美、欧洲国家的机器翻译研究成果突出，美国诞生了第一个商业机器翻译系统开发商 Systran。加拿大的蒙特利尔成立了机器翻译研究中心，该研究中心成功研制了 TAUM 机器翻译系统，并应用于英法双语的机器翻译系统中。1949 年至 1992 年，机器翻译处于理性主义占主导地位时期，研究者们主张通过语言专家总结不同语言之间的翻译规律，通过翻译知识构建规则进行翻译。这种方法虽然能够在语法和语义层次实现自然语言的转换和生成，但是存在翻译知识获取复杂、人工成本高、翻译周期长等问题。1993 年至今，随着大数据和云计算等技术的快速发展，平行语料呈爆发式地增长，机器翻译迎来了经验主义时期，经验主义方法主张以数据而不是人为中心，通过数学模型来描述自然语言的转换过程，基于大规模多语言文本数据自动训练数学模型[26]。这类方法中最有代表性的就是统计机器翻译，机器翻译从而迎来了基于大规模平行语料库的统计机器翻译的时代。研究者们利用平行语料库建立了基于词对齐、短语对齐、句子对齐的统计机器翻译模型。2006 年，谷歌公司推出了以数据为驱动的 Google Translate 在线翻译服务，然而随着统计翻译技术的发展，学者们发现统计翻译存在难以捕获全局依赖关系、难以解决翻译过程中的线性不可分问题等缺陷。2014 年，随着端到端神经机器翻译(end to end neural machine translation)的逐渐成熟，机器翻译迎来了神经机器翻译时代，端到端神经机器翻译凭借自动学习抽象特征的能力省去了机器翻译过程中构造特征工程的人力和时间，成为目前机器翻译的主流技术之一。Google、微软、百度、搜狗等在线翻译服务提供商纷纷采用基于深度学习的翻译系统。

**2. 基于机器学习的机器翻译**

目前，统计机器学习已经成为机器翻译的主流方法，统计机器学习是通过对大量的包含源语言和目标语言的平行语料的统计分析，构建统计翻译模型，最后结合语言模型翻译出目标语句[27]。该机器翻译方法的翻译精度取决于平行语料的精度，同时平行语料的规模也影响翻译的速度。从语言学角度，基于统计的机器翻译可分为基于词的机器翻译、基于短语的统计机器学习和基于句法的统计机器翻译三类[28]。

1)基于词的机器翻译

基于词对齐的统计机器翻译基于贝叶斯公式 $P(T/S)=P(T)\times P(S/T)/P(S)$，实现每个源语言词汇与目标语言词汇的一一对应。在实际翻译过程中，人工标注的词对齐语料往往很少，无法满足模型训练的需要，并且统计机器翻译没有考虑到不同语言间的语言特征，对此周嘉剑[29]提出了基于无监督的循环神经网络的词对齐方法，摆脱了对人工标注语料的依赖，在利用双向长短记忆神经网络提取词向量特征的同时还加入注意力机制，获取源语言与目标语言之间的依存关系，得到词对齐信息。在翻译过程中也会遇到数据稀疏问题，苏依拉、赵亚平、牛向华[30]利用词干词缀表和逆向最大匹配算法切分蒙古语句子词干词缀，并以词干词缀为基本单位实现词对齐，从而提高了对齐质量，有效缓解了数据稀疏问题。

2）基于短语的统计机器学习

基于短语的统计机器学习的原理是将句子切分成单词和短语的组合，然后根据从双语语料库中翻译的知识，把每一个源语言短语翻译成目标语言短语的可能性用概率表示[31]。该方法可实现源语言和目标语言单词"多对多"的映射，且可利用短语中局部上下文进行多义词的排歧，克服了基于词的统计机器学习（word-based statistical machine learning，WBSML）无法处理多个源语言单词对应一个目标语言单词和无法翻译源语言中固定搭配的现象。许多学者对该方法做了改进。Haque R[32]等将源语言上下文特征加入基于短语的统计机器翻译（PB-SMT）中，这些特征包括邻近的词汇特征、超级标签、依赖信息，这能积极影响目标短语的权重和选择，最终提高翻译质量。Debajyoty Banik[33]提出了一种重新调整统计机器翻译系统中短语表权重的新方法，该方法从双语语料库中学习正确和不正确的短语，利用概率分布估计权值，更新短语表，实验证明运用该方法使翻译效果得到了改进。Debajyoty Banik 等[34]提出了改进统计机器翻译性能的方法，该方法通过扩大和减少正确句子和错误短语的权重来重新平衡短语表中的短语得分，实验表明该方法增加的短语语义信息有助于提高翻译质量。

3）基于句法的统计机器翻译

基于短语的统计机器翻译只考虑了短语本身的信息，没有考虑短语与单词之间的句法关系，翻译成通顺的目标语言还需要根据短语和单词的词性重新调整顺序，比如在英语翻译成日语的过程中需要将英语的主-动-宾（SVO）调整为日语的主-宾-动（SOV）结构。为此，Yamada 和 Knight 将句法信息融入统计机器学习，提出了基于句法的统计机器翻译（syntax-based SMT，SBSMT）。SBSMT 首先将源语言进行句法分析，得到句法树，根据目标语言的语法知识对句法树重新调序和插入必要的功能词，将句法树叶节点的源语言单词翻译成目标语言单词，从而得到目标语句。基于此原理，许多学者也提出一些基于句法的统计翻译模型，刘群[35]采用最大熵方法计算两个短语组合翻译时的顺序或逆序的概率，引入了二叉化的形式化句法，该句法不仅克服了短语模型的固有缺陷，而且在 NISST2006 评测中取得很好的成绩。同时，他还提出了基于森林的机器翻译方法，即将句法压缩森林的结构引入统计翻译中，这样就克服了基于树的翻译方法中存在冗余树片段结构而无法提高翻译性能的现象。Kazemi 等[36]提出了一种基于句法的重排列模型，该模型能预测源语言与目标语言的语法依赖，通过扩展该模型的语义特征，可增强模型的泛化能力。Chiang 等[37]提出了一种统计机器翻译模型，该模型使用包含句子短语的分层短语。该模型形式上是一种同步上下文而无关语法的方法，且是从没有任何语法注释的并行文本中学习的。该方法实际上就是基于语法和基于短语机器翻译的结合。Sanjanasri 等[38]将深度学习的知识集成到基于短语的统计机器翻译模型中，提出了印度语 PB-SMT 系统，并用 n-gram 语言模型的回退算法代替概率语言模型，提高了统计机器翻译效果。

### 3. 神经机器翻译

深度学习并不是一种全新的机器学习方法，而是基于深层神经网络( Deep Netural Network，DNN)的学习方法的别称[39]。深度学习因具有自动特征学习的能力而受到研究者们的广泛关注。在机器学习过程中，特征提取至关重要，它决定学习任务的成败。特征可由专家人工定义或者通过机器学习算法来学习特征。深度学习与一般简单的机器学习算法不同，深度学习可以通过不同底层特征的组合来构建高层特征，从而学习到更加抽象的特征。随着深度学习技术的不断发展和完善，深度学习已经逐渐应用于机器翻译领域。与统计机器翻译不同，神经机器翻译首先用连续空间表示方法表示词语、短语和句子；然后利用神经网络将源语言映射到目标语言。这种翻译模型主要分为两种，即端到端模型( End to End Model)和编码器解码器模型( Encoder Decoder Model)。端到端模型是将源语言输入模型中，在输入条件下输出目标语言。编码器解码器模型是通过编码器将源语言句子编码为维数固定的向量，然后解码器将该向量生成目标语言词语序列。目前比较流行的神经网络架构主要是编码器解码器模型，在编码器解码器模型中比较流行的神经网络主要是循环神经网络、基于注意力机制的神经网络。

1) 循环神经网络

目前，神经机器翻译主要采用循环神经网络，神经网络具有处理变长序列数据的能力。循环神经网络采用反向传播算法训练，在实际应用中传统的循环神经网络存在梯度消失问题。对于梯度爆炸问题可以通过梯度剪裁来缓解；对于梯度消失问题只能通过模型本身进行改进，一般通过门限循环单元(gated recurrent units，GRU)和长短时记忆网络(long short term memory network，LSTM)。GRU 将长短时记忆循环单元的输入门和遗忘门合并成更新门(update gate)，同时引入重置门(reset gate)，利用更新门来控制当前状态需要遗忘的历史信息和接受的新信息。有学者将基于 GRU 神经网络应用于语言翻译，刘婉婉等[40]通过 GRU 神经网络的特点对蒙古语进行编码并利用编码信息对汉语进行解码，GRU 神经网络节点中的记忆单元和控制记忆单元工作的门结构能够对语义信息进行有效的存储。实验表明该模型的翻译效果良好。然而，研究者们发现传统的 GRU 随着模型层数的增加，梯度问题难以解决。于是张文等[41]提出了一种简单循环单元(simple recurrent unit，SRU)来代替门限循环单元，该方法通过堆叠网络层数来加深编码器和解码器的结构。长短时记忆网络包含长时记忆组件，能够读取和写入，使得神经网络具有外部记忆，加强了对变量和数据长时间存储的能力。有研究人员将 LSTM 应用于翻译中，并取得不错的效果。Pushpalatha[42]利用以 LSTM 为 RNN 单元的编码器解码器模型，将 Kannada 文本向英文文本进行单向翻译，并与统计机器翻译结果进行了比较，实验表明基于 LSTM 的神经机器翻译有更高的 BLEU 评分。

2) 基于注意力机制的神经网络

经典的神经机器翻译由于忽略了源语言与目标语言词汇或片段之间的对应关系，导致翻译长句子时效果不佳，从而引入了注意力机制。注意力(attention)机制[43]可以在生成一个目标单词时有选择地关注不同的源语言位置，也就是对于给定的目标语单词/位置可以使用不同的权重将源语言的位置与之进行关联，基于这些关联性，源语言句子会被表示为不同源语言位置向量的加权求和，称为上下文向量(context vector)。根据深度学习原理，研究者们将其与机器翻译相结合并进行了改进。Nguyen Thien[44]针对传统的神经机器翻译系统的源端和目标端具有相同的翻译单元而不适用于一些特定的语言对的情况，通过降低源语言端嵌入层和增加目标端嵌入层，提出了一种异构翻译单元系统。Yang Baosong[45]将局部上下文建模看做一个可学习的高斯偏差，然后对偏差加入原有的注意分配，利用嵌入句子级信息的内部表示作为全局上下文，并通过实验表明了该方法可有效提高翻译性能。Jordi 等[46]提出了因子变换模型，在一个注意系统中引入源序列中任意数量的词特征，该方法提高了翻译的 BLEU 效果。Alam Mehreen 等[47]利用基于注意力机制的深度学习网络应用于罗马语到乌尔都语的机器翻译，实验表明加入注意机制后翻译性能得到显著提高。Ding Liu[48]针对藏汉翻译过程中双语数据稀疏，缺少高质量数据而影响翻译效果的难点，提出了结合注意力机制、迁移学习的神经网络机器翻译模型，并结合回译法缓解了平行语料不足的问题，并通过实验表明该藏汉神经机器翻译模型能有效改善翻译效果。

### 1.4.3　地名翻译研究现状

地名翻译是将源语言的地名转换成目标语言地名的过程。由于每个国家的地名命名习惯不同以及语言的语法结构不同，导致外语地名翻译过程错综复杂，由人工根据地名翻译规则进行翻译，不仅耗时耗力，而且效率低下，无法满足我国全球地名数据库的建设需求。随着机器学习、深度学习以及自然语言处理技术日趋成熟，地名工作者们开始将目光投向了基于机器学习的地名机器翻译。相比于长篇的文本机器翻译，地名机器翻译的研究对象是由短短几个单词组成的地名数据。地名的单词数量虽然较少，但地名的构词成分复杂，不同的构词成分需要采用不同的翻译策略。相比于直接采用意译的文本机器翻译，地名机器翻译首先需要进行构词成分的识别，然后根据构词成分的类别进行音译或意译。为此，地名工作者们开展了大量的关于地名机器翻译的研究，目前地名机器翻译的研究热点主要在地名的通名、专名区分，地名自动翻译以及地名专名音译等方面。

**1. 地名的通名、专名区分**

在地名的通名、专名区分方面，毛曦等[49]提出了基于注意力机制的通名、专名区分算法，该算法通过在平行语料中训练得到注意力机制模型，应用于地名翻译过程中的专名、通名区分任务中，在实验中取得良好的区分效果。颜闻、毛曦、钱赛男等[50]提出了基于机器学习的地名的通名、专名区分技术，该方法首先通过从预定语料中提取地名模板，然后利用地名模板解析出地名的语法结构树，最后利用机器学习中的聚类算法对地名结构树中的子叶节点进行通名、专名的区分，进而实现地名的通名、专名区分。

## 2. 地名翻译

在地名翻译方面，针对英语地名，任洪凯等[51]利用点互信息和有向无环图从英语地名语料库中提取了英语地名的模板，然后利用基于统计模型的地名词法解析算法解析出地名的词法结构，最后对地名的词法结构进行翻译，从而实现英语地名的机器翻译。在此基础上，任洪凯等[52][53]通过研究阿拉伯语地名的词法结构特点，结合基于音译规则的阿拉伯语地名专名音译技术，提出了阿拉伯语地名的地名机器翻译算法。针对法语地名，毛曦等[54]提出了法语地名的机器翻译算法，该算法首先对法语地名进行通名、专名的区分，然后结合法汉音译表对专名部分进行音译，对于通名部分则按照地理实体所属的类别进行翻译，从而研究出了法语的机器翻译算法。

## 3. 地名专名音译

在专名音译方面，颜闻等[55]研发了包含源语言和目标音标的语料库训练循环神经网络(RNN)模型，利用该模型可以将源语言地名专名直接转化成音标，经过基于最小熵算法实现音节切分，最后利用外文汉字译写规则翻译成中文。在此基础上，王春苗等[56]利用深度学习与先验知识相结合的方法，成功解决了地名机器翻译过程中地名单词标识差、汉字译写不规范的问题。赵云鹏等[57]根据俄语地名音节切分和正向最大匹配原则，实现了切分后子字符串与俄汉音译对照表词条机械匹配，使得俄语地名专名能够快速完成音译。结合阿拉伯语的地名特点，毛曦等[58]提出了阿拉伯语地名的专名音译算法，该算法首先对阿拉伯语地名进行罗马化，然后对标准阿汉音译表进行预处理，再将罗马化后的阿拉伯语地名与阿汉音译表进行匹配，最终实现阿拉伯语地名的音译结果。此外，在地名通名方面，毛曦等[59]提出了英语地名通名的确定算法，该算法首先利用前缀树对英语地名进行逆向存储，然后利用英语地名通名库，对地名前缀树的尾部进行搜索，再利用 N-Gram 语言模型进行多词通名的自动发现，从而实现了地名通名的自动更新。

## 1.5　存在的主要问题

地名翻译存在音译与意译相结合的特点，常用的机器翻译方法无法实现。通用机器翻译是基于大量并行翻译语料，建立深度学习模型，将一种语言序列直接翻译到另一种语言序列。但是地名翻译包含地名通名和地名专名，地名通名需要意译，地名专名需要音译，这就无法通过一种序列到序列的规则直接实现翻译，而要对通名和专名进行区分，再分别进行翻译。

结合目前地名机器翻译研究现状与以上区别，其主要问题体现在如下方面：

（1）地名机器翻译尚无完整的技术体系。

现有地名翻译以人工翻译为主，效率低下，耗时过长，成本太高，且因翻译规则过多，人工翻译会导致翻译精度降低。目前地名机器翻译技术得到了不少学者的关注。但是，现有研究主要在音译等个别环节提出了自动化处理方法，缺乏对于地名翻译全流程、系统性的理论方法。例如，地名专名音译、通名专名区分、翻译先验知识库等。

（2）地名翻译先验知识未能有效利用。

地名翻译依赖大量先验知识，包括公开出版物、地名辞典、人名辞典中出现的地名和人名，《外国地名译名手册》翻译标准等。然而，现有地名机器翻译缺乏有效手段对于上述先验知识进行形式化表达及一体化存储，并支撑地名机器翻译，从而提高地名翻译的准确性。

（3）对派生地名的自动翻译研究尚属空白。

相比普通地名，派生地名中存在一个地名嵌套另一个地名或一个地名包含另一个地名的通名的情况。在地名翻译时，需要对派生地名中专名部分包含的派生通名进行意译。而目前的地名翻译技术未对专名中的通名进行派生通名和专名化通名的区分，使得在翻译派生地名时将专名中的派生通名统一进行通名专名化处理，影响了地名翻译效果。然而，对于地名派生规律、界定、识别，并支撑其翻译方面的研究目前基本属于空白。

# 第2章　地名专名音译知识图谱构建

## 2.1　引言

地名先验知识众多，结构不一，种类多样，存在多种数据格式。目前这些数据尚无统一的方法进行管理，导致信息丢失严重、应用繁琐、查找不方便。知识图谱技术支持非结构化数据、半结构化数据和结构化数据通过知识抽取将各种结构的知识表示成三元组形式，再通过关系将各个实体连接到一起，大规模的实体和关系构成图谱。本章将重点介绍地名专名音译知识图谱构建方法，即首先将地名先验知识进行分类，按照知识的结构进行知识抽取，不同类别所包括的实体不同，然后定义各个实体间的关系，形成地名音译领域知识图谱，最后将所构造的知识图谱以图数据库的形式存储。基于上述知识图谱，不但可以根据知识图谱的图结构特点进行检验一致性推理，提高地名音译先验知识质量，还可利用图数据库对知识进行统一管理，通过一套语言体系就可以对不同的知识进行查询、应用，返回特定的查询结果，提高先验知识利用率。本章以西班牙语地名为例介绍地名专名音译知识图谱构建方法与流程。

## 2.2　知识图谱基本原理

知识图谱(knowledge graph)2012年由谷歌提出，它是一种利用图模型对知识进行描述，并对世间万事万物间的联系进行建模的技术手段。知识图谱的构建、知识推理、知识服务技术，在各行各业都受到了广泛关注，在地学领域也被广泛应用。

## 2.2.1 知识图谱发展情况

众多技术的发展以及各个领域之间的相互影响和融合促使知识图谱技术产生，最初的理念源自语义网（semantic web）。要把基于文本链接的万维网转换成基于实体链接的语义网，这是很多相关技术相互影响、继承、发展的结果。从人工智能的发展历史可以发现语义网是早期人工智能与 Web 相互影响融合产生的：资源描述框架（resource description framework，RDF）、网络本体语言（web ontology language，OWL）都是面向 Web 的知识表示语言，知识图谱可以被认为是语义网的一个简单的商业应用。1989 年，Tim Berners-Lee 提出构建以链接为中心的全球信息系统，每个人都可以在他们的文件中添加链接，"链接"和基于图的方式比树的层次化形式更加开放，更加符合互联网的应用，这个想法逐渐演变成今天的万维网。1994 年，Tim Berners-Lee 指出 Web 应该结合网页间的链接，并于 1998 年提出语义网。语义网的基础仍然是图表和链接，不过节点已经不仅仅代表网页，而是代表客观世界中的实体，链接也不仅仅是简单的连接，而是包含了语义描述，以定义实体之间的关系。在语义网被提出后，语义知识库也被构建起来，如 Freebase 是谷歌背后的知识图谱，DBpedia 和 Yago 是 IBM 的后端；还有作为 Amazon Alexa 后端的 True Knowledge，苹果 Siri 的后端 Wolfarm Alpha。谷歌在选定知识图谱做搜索引擎之后，这种技术在语义搜索、智能问答等方面，辅助语言的理解、支撑大数据分析、增强机器学习可解释性，在许多领域扮演着日益重要的角色。

知识图谱技术的发展，应用到各行各业的典型项目有很多。DBpedia 是早期的语义网项目，它从 Wikipedia 提取关联数据集，使用更严格的本体，对人物、地方、音乐、组织等进行类别定义。OpenKG 作为中文领域开放知识图谱社区的一个项目，聚焦了大量开放的中文知识图谱数据、工具及文献，对主要的百科数据进行链接计算和融合工作，并通过 OpenKG 提供开放的 Dump 或开放访问 API，完成的链接数据集也向公众完全免费开放，还对一些重要知识图谱开源工具进行了收集和整理，促进了中文领域知识图谱的开放与互联。领域知识图谱就是为一般知识图谱提供一种特定的面向领域知识图谱。相比之下，领域知识图谱所拥有的资源要丰富得多、扩展速度较快、结构多样化，适用范围广，并且需要更准确的知识。电子商务知识图谱如阿里巴巴，其知识图谱主要基于阿里现有的结构化数据，以及其他行业合作伙伴数据、政府业务管理数据、外部开放数据进行整合和拓展，用于产品搜索、产品指导、知识问答、平台管理控制等。医学领域的知识库非常庞大，仅在关联生命数据项目中就有 102 亿个 RDF 三元组，国内开发的医学知识图谱通常需要整合基础医学、文献、医药临床数据和其他来源的各类数据，数量超过 20 亿个三元组。在金融方面，最典型的案例之一就是 Kensho 利用知识图帮助投资顾问与研究。随着互联网技术的不断发展，知识图已经成为一种重要的分析工具。国内的金融和科技机构，还有很多银行、证券机构，也致力于这方面知识图谱的建设工作，涉及金融常见问题和投资建议，以及投资研究等决策分析，这一领域知识图谱特性是动态性强，因此需要考虑知识的及时性。

除了典型项目外，知识图谱技术也被学者们用来研究以解决问题。Rao[60]等构建生物医学知识图谱，目的是帮助生物学家和科学家通过用自然语言提问获得有价值的见解，运用 RoBERTa 和 BioBERT 等语言模型来理解自然语言问题的背景，并对问题进行建模。在 KGQA 中的一个挑战是 KG 中缺少链接，通过知识图谱嵌入（KGE），对节点和边缘进行密集的、更有效的编码，有助于克服这个问题。Jaimini[61]等根据人类在日常决策、计划和对生活事件的理解所归纳的因果关系和假设回顾的特点，利用现有的知识表示从文本中提取的因果关系，这些关系是基于名词短语的语言模式来表示因果关系的，如 ConceptNet 和 WordNet 中的因果关系[62]，提出了拟议的因果知识图谱（CausalKG）框架，CausalKG 旨在解决缺乏领域适应性因果模型的问题，并使用 KG 中的超关系图表示来表示复杂的因果关系。王红[63]等通过在 IterE 模型的表示层和学习层之间增加特征层，对关系特征进行加强，使得稀疏实体间生成生关系，该方法应用到航空事件数据集上，显著提升了链接预测效果，为航空安全事件知识补全提供了思路。

## 2.2.2　知识图谱在地学领域的应用

将知识图谱应用到地学领域来研究解决实际问题，已经有很多学者取得了突破性进展。Peng[64]针对自然灾害频发造成极大损失，而现有遥感技术虽然可以有效获取灾害数据，但是在灾害分析方面还需结合多个因素综合考虑的现状，提出通过整合遥感信息、相关地理信息和灾害分析领域的专家知识，建立一种用于灾害预测的灾害预测知识图谱，以灾害预测知识的形式表现灾害预测模型，演示关于森林火灾和地质滑坡风险的实验和案例研究。谢炎宏[65]等针对目前知识图谱领域缺少地震灾害防治实体和关系的研究，提出了一种以地震灾害防治为核心面的知识图谱构建方法，主要根据地震领域专业知识、防震减灾策略、地区基础信息和地震防治功能服务四种实体类型，进行三元组设计、实体分类、实体关系分析来构建该领域知识图谱。刘銎[66]针对测绘地理信息行业档案的存储和检索需要地理词汇，要对地理词汇之间的相关性规则进行研究，才可以建立地理词汇的档案检索的问题，提出了一种将本体建模与知识图谱结合，利用 Jena 推理机对已有规则进行推理，得到隐藏规则，并利用 Neo4j 数据库对数据进行存储、读写，为地理行业知识图谱构建提供新方法。刘波[67]等为了了解国内 GIS 的城市现状和未来发展，利用软件 CiteSpace 对 CNKI（中国知网）中地理信息（GIS）领域的城市规划文献进行分析并在 CiteSpace 中得到可视化展示，通过对 GIS 领域文献的分析，有利于对今后城市开发规划的研究。此外，与日俱增的空间数据集要在具有不同结构和特性的专用门户网站中收集，然而，找到适合用户需求的数据集是一个真正的挑战。面对这一挑战，Zrhal[68]等提出了利用地学知识图谱改进空间数据集收集的问题，为未来工作提出拟议方向。Tian[69]等考虑到在新冠肺炎疫情大流行期间感染的人数众多，依据数字接触者追踪将比传统的人工接触者追踪更快、更有效，则利用行程链模型整合多源公共交通数据来构建知识图谱，即从构建的知识图谱中提取接触网络，并开发广度优先搜索算法追踪接触网络中的受感染乘客，然后通过中国厦门交通系统的智能卡交易数据的案例研究进行验证，实验表明，平均跟踪率超过 96%。

## 2.3　地名专名音译知识图谱构建方法

### 2.3.1　通用知识图谱构建方法

现有的知识表示方法虽然能够对先验知识进行知识表示，但也存在一些难以避免的缺点。一阶谓词逻辑可用性被限制，判断性不是完全的，对于不确定性知识难以表达[70]。霍恩子句和霍恩逻辑表达能力有限，对于类表达式缺少概念，无法任意使用量化，对于不确定性知识没有表示方法。语义网络具有灵活的表达方法，但是表示形式缺少一致性，因此增大了处理的难度[71]。相对于一阶谓词逻辑而言，语义网络中缺少一个统一且可以接受的形式表达体系，解释时完全依靠程序来处理，网络间进行的推理难以证明推理结果的真实性与准确性，运用量词进行逻辑表示会存在二义性，缺少充分性。框架表达在显示使用变量、任意使用量化时受到限制，没有方法对不确定性知识进行表达。

知识图谱具有丰富的描述术语、优秀的表达能力、多种数据格式等优点，根据实际需要来选择不同的知识表示框架，这些框架本质上又有相同之处。知识图谱所表示的元素一般由实体、类别和属性组成，不同的项目有不同的元素名称，实体对应唯一的 ID。为保证实体的唯一性，实体会对应多个属性，一个实体可以属于一个或者多个类别，这种表示方式可以对实体进行量化表示，这种表达方式具有通用性和公认的表示体系，且具有很强的逻辑表达能力，能够量化使用。知识图谱中不仅有实体、类别、属性，还有关系，通过关系将各个实体连接到一起。知识图谱的推理方式可以对不确定信息进行推理和一致性检验，保证知识的准确度，通过知识融合和知识挖掘，对知识图谱的链接进行补充，从而使知识消歧，没有二义性。知识图谱现有的先验知识表示方法有着可以量化、具有公认的表示体系、逻辑表达自洽的优点，并且通过知识推理和知识融合可以对知识进行一致性检验、实体消歧，将不确定信息、二义性实体检查出来，从而保证知识的准确性。

构建知识图谱第一步要做的是确认要选择的知识表示模型，根据数据源确定选用的知识导入手段，导入知识后要提升质量，采取知识推理、知识融合、知识挖掘等技术进行分析，确保知识的质量；下一步就是知识图谱应用环节，根据应用场景对知识的访问和呈现方法进行具体设计，如可视化分析、智能问答、语义搜索等。核心要素主要包括知识来源、知识表示与建模、知识存储、知识抽取、知识融合、知识图谱推理、语义搜索与知识问答。

## 1. 知识来源

获取知识图谱数据的途径有很多，其中就有文本的获取、结构化的数据库、多媒体数据、传感器数据以及人工众包的处理。一般情况下，知识图谱原始数据有三种类型：结构化数据（structed data）、半结构化数据（semi-structed data）、非结构化数据（unstructed data），结构化数据保存最普遍的方法是在关系型数据库中采用二维表形式保存数据[72]，该方法的特点为：以行为单位存储实体信息，各行拥有相同的属性，可以用统一结构表达，利用二维表结构实现逻辑表达，如属性和图元。

结构化数据是以一种有规律的方式进行存储和组织的，这对于搜索和编辑等操作非常有用。半结构化数据作为一种结构化数据，与关系型数据库或者其他数据表相联系的数据模型的结构并不一致，而是含有相对标签，能够从字段中分离出语义元素以及分层记录，结构与内容杂糅，无明显区别，故称为自描述结构。这说明半结构化数据介于完全结构化数据和完全非结构化数据之间。如 HTML、JSON、XML 以及部分 NoSQL 等数据库均属于半结构化的数据。

非结构化数据并没有指定具体的数据结构。各种形式办公文件、文字、报告等，以及音频、视频信息都是一种非结构化的数据。对于这种类型的数据，一般用二进制的形式直接将其保存为整体。典型的人工生成的非结构化数据包括：文本文件、社交平台的数据、通信软件、音频文件、视频文件、卫星地图、传感器数据等。

### 2. 知识表示与建模

知识表示是描述和表示人类思维中的知识的方法和途径，使用计算机符号来帮助模仿和推理人类思维。知识表示确定了图谱构建的输出对象，即语义描述框架、Schema 与本体、语义交换语法、实体命名及 ID 体系。

知识表示要求用规范的语言描述网络中各种信息。目前常用的各种网络语言中还没有一个能充分表达语义关系并具有通用性的网络语言。首批标准的网络语言是 HTML 与 XML，无法满足语义网在知识表示方面的需要。在这种情况下，人们开始寻求新的语言作为统一的知识表达形式，以适应各种应用系统中知识表达与获取的需求。因此，W3C 提出了 RDF、RDFS 和 OWL。在 RDF 中，知识总是以三元组的形式存在，每个知识都可以理解为：（主语，谓语，宾语），其中 RDF 主语为一个个体，个体是类的实例；RDF 谓语是一种属性，它能把两个个体联系起来或者把一个个体与数据实例联系在一起。RDFS 采用类与属性相结合的方式，刻画个体间的相互关系。目前常用的各种网络语言中，还没有一个能充分表达语义关系并具有通用性的网络语言。RDF Schema（RDFS）为类与属性提供了一个简单的说明，由此给出 RDF 数据的建模语言词汇表。

知识表示需要一种标准语言来描述 Web 中各种信息。RDFS 使用类和属性描述个体之间的关系，这些类和属性由模式给定。RDF Schema（RDF 模式，简称 RDFS）通过对类和属性进行了简述，为 RDF 数据提供建模语言词汇表。RDFS 为描述类与属性提供最基础的元语[73]：

（1）Rdf：type：用于制定个体的类；

（2）Rdfs：subClassOf：用于指定类的父类；

（3）Rdfs：subPropertyOf：用于指定属性的父属性；

（4）Rdfs：domain：用于指定属性的定义域；

（5）Rdfs：range：用于指定属性的值域。

OWL1.0 有 OWL Lite、OWL DL、OWL Full 三个子语言。OWL Lite 涵盖了分类层次和简单的属性约束；OWL DL 涵盖了 OWL Lite 中所有语言的约束，而且逻辑后果是可解释的；OWL Full 允许在定义的（RDF、OWL）进行词汇扩展，而且 OWL Full 的逻辑后果通常是不可解释的。OWL2 对某些 OWL 中的子语言进行定义，通过约束它们在句法上的用法使之更加容易被利用。

不同的知识图谱项目根据其需求选择不同的知识表示框架。这些框架有不同的描述术语、表达方式、数据格式等方面的考虑，但它们在本质上都是相似的，例如，Freebase 知识表示框架主要包含对象-对象、事实-事实、类型-类型、属性-属性；Wikidata 知识表示框架则包含以下元素：页面、对象、属性、语句、限定词、引用等。知识图谱的向量表示法是将知识图谱中的实体和关系映射到低维连续空间的向量上。知识图谱有两种表示方式：一种是矢量表示，另一种是内嵌表示。词向量表示是一个单一的热编码、"词包"的词向量模型。

知识图谱框架要根据项目需要进行选择，这些框架有不同的描述术语、表达方式、数据格式等方面的考虑，但本质上都有相似之处。例如 Freebase 的知识表示框架主要包括对象（Object）、事实（Facts）、类型（Types）和属性（Properties）。知识图谱的向量表示是将知识图谱中的实体和关系映射到低维连续的空间向量[74]，有词的向量表示方法和知识图谱嵌入表示方法。词的向量表示方法有独热编码、词袋模型、词向量。

传统的独热编码(one-hot encoding)方法是将一个词表示成一个很长的向量，如图 2-1 所示为独热编码，假如 Rome 的编号为 1，则独热编码中仅维度是 1，其余是 0。该向量的维度是整个词表的大小，这种表示方法虽然简单，但是缺少编码语义层面的信息，紧密性不强，编码出的向量维度随着词典的增大会无限变大。

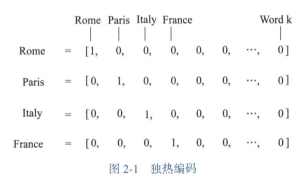

图 2-1　独热编码

词袋模型(bag-of-words，Bow)就是词在文本中的一种表达方式，这种方式是把文本看成一个装单词的包，没有考虑词语间上下文关系及带词语存放次序，仅记录词袋内每一个词语出现的频率，且没有考虑词语间上下文关系及其存储顺序，如图 2-2 所示，在文本 doc_1 中，Rome 出现 32 次，Paris 出现 14 次，France 出现 0 次。词向量(Word embedding)是将单词映射到连续向量空间中的表示形式的技术，其中来自词汇表的单词或短语被映射到实数的向量。从概念上讲，它涉及从每个单词一维的空间到具有更低维度的连续向量空间的数学嵌入。

将知识图谱嵌入方法归类为距离转移模型、语义匹配模型、考虑了额外信息模型。在距离转移模型中，主要是将设计向量后面的三元组变换为度量头实体与尾实体之间距离的问题，着重对得分函数进行设计。语义匹配模型以发掘向量之后实体与关系之间潜在语义为着眼点，主要有 RESCAL[75] 及其扩展模型；也有模型把实体类别归到附加考虑到的附加信息中去，以实现模型的升级，知识库中的每一个实体一般分配一个类。因此，这类三元组能够在对知识嵌入向量进行训练时，充分考虑属性信息的影响，还有一些方法[76]是从同类实体在矢量表示上相

```
              Rome  Paris  Italy  France        Word k
               |     |      |      |             |
doc_1    =    [32,   14,    1,     0,    ...,    6]

doc_2    =    [2,    12,    0,     28,   ...,    12]
...     ...
doc_N    =    [13,   0,     6,     2,    ...,    0]
```

图 2-2　词袋模型

似这一角度来考虑的。

## 3. 知识存储

从数据模型角度，知识图谱的实质就是图数据的绘制，主要分为 RDF 图与属性图两大数据模型。常见的知识图谱存储方法主要是基于关系数据库存储方案，针对 RDF 三元组数据库及原生图数据库进行研究[77]。

关系数据库存储方案有：三元组表、水平表、属性表、垂直划分表和 DB2RDF。

（1）三元组表，即创建一个有三个列的关系数据库的表格，表模式是三元组表（主语，谓语，宾语），知识图谱的三元组是行数据，在增加了单独一个三元表之后，对知识图谱查询进行 SQL 查询，并进行三元组表自连接翻译，当三元组的数据量较大时，会进行自连接操作，或者会造成 SQL 查询的性能不高。

（2）水平表，将知识图谱中的一个主语的所有谓语和宾语以行为单位存储，缺点是对于一个谓语对应多个宾语的情况难以解决。

（3）属性表，基于水平表进行了细节处理，一个表是一类主语，多少类主语就有多少类表。缺点是进行复杂查询时会对多个表执行连接操作，耗费时间长。

（4）垂直划分表，对于 RDF 三元组的谓语为分割维度，将 RDF 知识图划分为多个只有两列（主语、宾语）的表，并为每个谓语创建一个表，存储与该谓语相关的知识图的主语和宾语，只存储三元组知识，对空值和多值进行管理，不过对于复杂知识图谱的操作，会引起联系全部谓语表进行查询的操作。

（5）DB2RDF，同时拥有三元组表、属性表与垂直划分表，在一定程度上具有优越性，再一次解决现有问题，从 dph 表到 rph 表再到 ds 表、rs 表四个表组成。以 dph 为主表，制定存储方案，在 ds 表中介绍了多谓语处理，当 dph 表遇多值谓语的时候，在宾语处生成唯一 id，id 所对应的每一个宾语都保存在 ds 表的行中，达到列的共享。

面向 RDF 的三元组数据库是专门为存储大规模 RDF 数据而开发的知识图谱数据库，其支持 RDF 的标准查询语言 SPARQL。主要开源的 RDF 数据库包括开源 RDF 三元组数据库 RDF4J、RDF-3X、gStore 等，商业 RDF 三元组数据库 AllegroGraph、GraphDB、Blazegraph、Stardog 等。

在原生图数据库中，当前最热门的当属 Neo4j，在属性图模型的基础上，它的存储管理层是属性图结构的结点、结点属性、边、边属性，等等，开发了特殊储存方案。由于它在数据结构上采用了"以对象为中心"的方式组织信息，因而可以很方便地应用于各种不同类型的图数据管理与查询系统之中。分布式图形数据库 JanusGraph，利用第三方法分布式索引库如 Elasticsearch、Slor，Lucene 等实现了对各类数据进行快速查找。图数据库 OrientDB 拥有比较灵活的数据模式，支持高级 SQL、Gremlin 等查询语言，实现了图导航数据检索功能。图数据库 Cayley 使用 Go 语言开发，有内置编辑器和可视化界面，支持 Gizmo、GraphQL 等多种查询语言，以及支持 NoSQL、MySQL、PostgreSQL 等多种存储后端。

## 4. 知识抽取

知识抽取作为一种重要的技术，可以自动化地构建大范围的知识图谱。由于它在数据结构上采用了"以对象为中心"的方式组织信息，因而可以很方便地应用于各种不同类型的图数据管理与查询系统之中。这对构建和运用知识图谱有着十分重要的意义。

知识抽取是指从具有不同构造的数据源提取知识，它由命名实体的确定、关系的提取、事件的提取等组成，针对不同的数据源进行知识抽取，所使用的方法也不尽相同。

面向非结构化数据的知识提取包括面向文本数据的命名实体识别、关系的提取与事件的提取。命名实体识别技术在自动文摘系统中起着至关重要的作用。命名实体的识别旨在从文本中提取实体的要素信息，主要是人名、组织的名称和位置，存在着一种以规则为依据的办法，建立在统计模型的基础上，以深度学习为手段。其中，以机器学习为主的方法已经取得了很大进展。基于规则的方法，主要是通过手工书写规则的方式来识别实体，通常是由各个领域的专家人工搭建的，以及在字符串中映射所述规则以确定所述物体。基于统计的方法则利用机器学习技术对语料自动分析，从而得到精确描述实体属性及分布规律的结果。以统计为基础，利用全部标注或者局部标注语料库对模型进行训练，这种手工文本注释系统被称为 Inside-Outside-Beginning（IOB）或 Inside-Outside（IO）。在训练模型前，在统计模型中，必须对输入模型中的每一个字都计算出一套特征，更具体地说，具体特征包含了词级特征、词性特征与文档级特征等。隐马尔可夫模型（Hidden Markov Model，HMM）和条件随机场（Conditional Random Field，CRF）是两个常用于标注问题的统计学习模型。HMM 是有向图概率模型，包含隐藏的状态序列和可观察的观测序列，HMM 结构如图 2-3 所示，每个圆圈代表随机变量，随机变量 $x_t$ 是 $t$ 时刻的隐藏状态，随机变量 $y_t$ 是 $t$ 时刻的观测值，图中的箭头表示条件依赖关系，HMM 有两个假设：

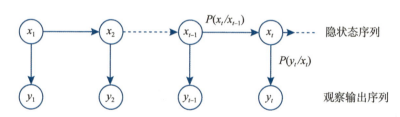

图 2-3　HMM 模型结构

（1）在任意 $t$ 时刻的状态只依赖其前一时刻的状态，与其他状态无关，即

$$P(x_t \mid x_{t-1}, x_{t-2}, x_{t-3}, x_{t-4}, \cdots, x_1, y_{t-1}, y_{t-2}, y_{t-3}, y_{t-4}, \cdots, y_1) = P(x_t \mid x_{t-1})$$

（2）任意时刻的观测值只依赖该时刻的马尔可夫链的状态，与其他观测及状态无关，即

$$P(y_t \mid x_{t-1}, x_{t-2}, x_{t-3}, x_{t-4}, \cdots, x_1, y_{t-1}, y_{t-2}, y_{t-3}, y_{t-4}, \cdots, y_1) = P(y_t \mid x_t)$$

CRF 为在给定某一随机变量集合的情况下，另一输出随机变量的条件概率分

布模型——线性链 CRF 在序列标注中经常被使用，其结构如图 2-4 所示，状态序列变量 $x$ 对应标记序列，$y$ 表示待标注的观测序列。

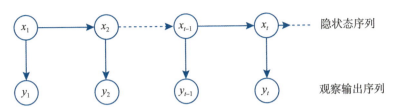

图 2-4　线性链 CRF 结构模型

对非结构化数据进行关系抽取，从文本中抽取出 2 个或 2 个以上对象间语义关系，通常的做法是根据模板进行关系抽取。在监督学习的基础上进行关系抽取，在弱监督学习的基础上进行关系抽取。在基于模板的抽取中，文本中实体之间的具体关系使用领域专家编写的手写模板进行匹配，该方法更适合于小文本和规模有限的问题。基于监督学习的链接提取通过在大量的注释数据上训练一个链接提取模型，把链接的抽取问题转化成为分类问题。在弱监督学习基础上提取关系，需要大量训练模型，特别地，在深度学习方法的基础上，对模型进行了改进，更加依赖海量训练模型。

事件抽取就是为了结构化输出从大量语料库里抽取用户所需的信息。随着大规模数据时代的到来，人们对事件抽取的需求日益增长，而现有的方法难以满足这些要求。目前通常采用流水线与联合抽取相结合的方法。流水线法能在短时间内完成大量语料中事件的自动发现工作，但是不能满足大规模数据集上对高准确率事件抽取的要求。流水线法是指把事件提取任务拆分成多个以分类为基础的子类，每一个子任务都通过机器学习分类器完成；联合抽取法仅需要利用少量的训练语料就可以得到满意的结果，但计算量较大且效率不高。在联合抽取法下，通过一种模型一次性抽取出全部相关事件信息。通常情况下，联合事件抽取可选择联合推断或者联合建模。

结构化数据的知识抽取主要取决于对数据库数据向 RDF 转换的支持、标准与工具，例如 OWL 本体。随着大规模数据时代的到来，人们对事件抽取的需求日益增加，而现有的方法难以满足这些要求。W3C 的 RDB2RDF 主要有两种推荐的 RDB2RDF 绘图语言：直接映射与 R2RML，用来定义如何将关系数据库的数据转换为 RDF 所需要的各种规则。

半结构化数据源以 Web 数据为主，抽取的方法主要有手工方法、包装器归纳方法、自动抽取方法。手工方法是通过人为地构建包装器信息提取的规则。包装器归纳方法主要依靠有监督学习方法，从一组有注释的训练实例中学习信息提取规则，然后对同一模板的其他页面进行信息提取。自动抽取方法无需先验知识，也不需要对数据进行人工注释。在提取时，首先用聚类法将相似的网页分组，通过提取同一组中相似网页的重复样本，可以创建与该组网页相符的包装器。

## 5. 知识融合

知识图谱包含描述抽象知识的本体层和具体事实的实例层，同一领域存在着大量本体，这些本体往往是关联或重叠的，但使用的本体在表示语言和模型上有差异，造成本体异构，导致信息交互问题。大规模的数据导致实例间存在歧义，例如一对多和多对一的问题，即同一个实例对应多个实体，多个实例对应同一个实体，这类共指问题超出某一范围就会影响知识图谱的质量，应用方面也会有负效应。知识融合通过创建异构本体或异构实例之间的关联来解决实体异构问题，是目前最有效的方法。首先要分析造成异构的原因，还要确立融合的具体对象，建立映射。关键点是创建映射，目前各类本体匹配和实例匹配的主要方法可以归结为用于术语比较的自然语言处理、本体结构映射和基于实例的机器学习等。

## 6. 知识图谱推理

知识图谱推理可以实现知识图谱的补全、质量检测等功能。目前，已有许多针对关系数据库的通用方法。对知识图谱进行推理，主要是围绕着关系推理，从现有的实例或联系推理出可能存在的实例或联系[78]。现实世界中的知识千千万万，仅依靠知识融合是不够的，所以要对知识图谱进行补全，链接预测就是一个典型的推理任务[79]。知识图谱中的三元组可以通过人工定义得到，也可以通过文本抽取得到，但是会存在人工知识的局限性和算法的不确定性，一个知识图谱难免会遇到冲突信息，所以不一致检测也是重要的推理任务。知识图谱推理的主要技术分为两大类：基于演绎的知识图谱推理，如基于描述逻辑[80]、Datalog、产生式规则等；基于归纳的知识图谱推理，如路径推理[81]、表示学习[82]、规则学习[83]、基于强化的学习推理[84]等。

**7. 语义搜索与知识问答**

知识图谱能够给知识确切的结构和语言表达，不仅保证计算机能够将这些知识可视化，更能够解释和整理这些知识。区别于传统的互联网搜索，语义搜索需要对语义数据采取更全面的方法进行更细化的处理，已有的用于针对非结构化、Web 文档的保存与检索技术在这一领域将无法应用。以 SPARQL 查询为代表的结构化查询语言的出现，为支持知识图谱的语义搜索提供了基础，支持用户熟悉的关键词、自然语言查询对于知识图谱的语义搜索也至关重要。知识问答是从计算机类智能体中以问问题获得答案的一种对话交互形式，属于自然语言问答，智能问答不仅要求计算机掌握知识，还要能够理解语言和问题，并且能对提出的问题进行推理，生成语序正常且没有错误的答案。知识问答以与智能体对话的形式帮助人们快速地从庞大的语料库中找到对应的答案，并获取可用的信息，是知识图谱的一个重要分支，在自然语言处理领域也被寄予厚望，因此被视作重要的科研领域。

## 2.3.2　地名专名知识图谱结构设计

知识图谱的结构单位是"实体-关系-实体"构成的三元组，也是知识图谱的核心，从逻辑表达上可以将知识图谱划定成数据层和模式层。数据层指的是存储的数据，模式层在数据层之上是经过提炼的知识，即实体-关系-实体，实体-属性-性值。

本章以西班牙语地名为例来介绍地名专名知识图谱结构设计。针对西班牙语地名专名的特点，西班牙语地名专名知识图谱结构如图 2-5 所示，蓝色部分为模式层，黑色部分由大规模实体组成，称为数据层。

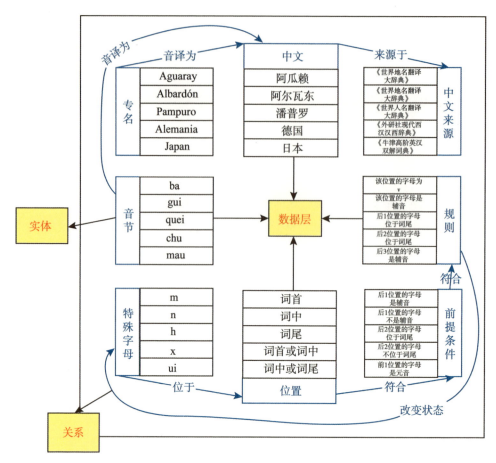

图 2-5　西班牙语地名专名知识图谱结构

西班牙语地名专名知识图谱结构模式层的关键点包括实体、关系、属性，不同的实体属于不同类别，关系和属性也不同。对实体进行定义包括：专名、中文、中文来源、音节、特殊字母、位置、前提条件、规则等类别的实体。关系定义为以下关系：音译为、来源于、位于、符合、改变状态。专名是指先验知识中已经存在的专名，中文是指其音译结果，音节指的是专名的组成部分，特殊字母指的是音译流程中要根据规则进行优化的字母，位置指的是特殊字母在专名中的位置，前提条件指的是特殊字母满足规则的某一前提条件，规则是特殊字母在某

个位置要满足的规则。关系用于连接两个实体，按照头实体-关系-尾实体表示的
三元组模式见表 2-1。

表 2-1　　　　　　　　　　　　　头实体-关系-尾实体三元组模式

| 头实体 | 关系 | 尾实体 |
| --- | --- | --- |
| 专名 | 音译为 | 中文 |
| 中文 | 来源于 | 中文来源 |
| 音节 | 音译为 | 中文 |
| 特殊字母 | 位于 | 位置 |
| 位置 | 符合 | 前提条件 |
| 位置 | 符合 | 规则 |
| 前提条件 | 符合 | 规则 |
| 规则 | 改变状态 | 特殊字母 |

模式层中对应的模式还包括实体-属性-属性值、关系-属性-属性值。属性用
于对实体和关系的补充，也可作为检索的约束条件，表 2-2 是模式层实体-属性-
属性值模式，表 2-3 是关系-属性-属性值模式。专名按照为单个专名还是整体形
式进行分类，中文来源于公开出版物，各个出版物时间不同，出版时间为中文来
源属性值，音节属性是指音节的字母属性。

表 2-2　　　　　　　　　　　　　　实体-属性-属性值模式

| 实体 | 属性 | 属性值 |
| --- | --- | --- |
| 专名 | 属性 | 单个专名 |
| 专名 | 属性 | 整体 |
| 中文来源 | 属性 | 出版时间 |
| 音节 | 属性 | 元音/辅音/辅音+元音 |

专名按照翻译来源和内容可以分为约定俗成、人名、国家或首都名三类，约定俗成表示该地名在公开地名出版物中已有翻译，人名表示该专名为国外人名，国家或首都名表示该专名为国家或首都名。同一个专名在不同语种或国家中翻译结果不同，所以将其中文来源的国家名或语种作为中文来源的属性。以特殊字母类实体为开头，经过多个三元组可以构成如"特殊字母-位于-位置-符合-规则-改变状态-特殊字母"的有向图，该有向图中所有关系以头实体的特殊字母为属性。

表2-3　　　　　　　　　　　　关系-属性-属性值模式

| 头实体 | 关系 | 关系属性 | 属性值 | 尾实体 |
| --- | --- | --- | --- | --- |
| 专名 | 音译为 | 属性 | 约定俗成 | 中文 |
| 专名 | 音译为 | 属性 | 国家或首都名 | 中文 |
| 专名 | 音译为 | 属性 | 人名 | 中文 |
| 中文 | 来源于 | 属性 | 国家名/语种 | 中文来源 |
| 音节 | 音译为 | 属性 | 音节 | 中文 |
| 特殊字母 | 位于 | 属性 | 特殊字母 | 位置 |
| 位置 | 符合 | 属性 | 特殊字母 | 前提条件 |
| 位置 | 符合 | 属性 | 特殊字母 | 规则 |
| 前提条件 | 符合 | 属性 | 特殊字母 | 规则 |
| 规则 | 改变状态 | 属性 | 特殊字母 | 特殊字母 |

数据层将实体类别、关系、属性、属性值等模式层中的值作为表头，数据层根据所属类别进行填充，以.csv的形式进行存储，可批量导入图数据库Neo4j。

知识图谱按知识形式可划分成面向语义网络RDF图模型以及属性图模型。与RDF图相比，属性图模型具有更高的可解能力。在大数据时代的今天，图数据模型具有高维特征且存在冗余，难以直接应用到知识图谱中，因此需要对其进行优化改进。以图数据库为存储引擎，对知识图谱进行管理，能够对大量的信息进行智能化的加工，不需要预先定义图模型下的数据库模式，对图数据进行局部修改，仅需要重新增加模式定义即可，通过该操作，可对数据源进行标签、属性等增删变更，在数据量较大时，该变更方式错误较小，使用方便。

### 2.3.3　地名专名知识图谱构建流程

地名专名知识图谱可以分为先验知识数据结构、先验知识分类、知识抽取、知识存储、一致性检验，最后构成知识图谱，图2-6是西班牙语地名专名知识图谱构建流程。具体流程如下：

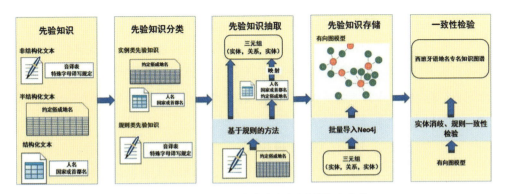

图 2-6　西班牙语地名专名知识图谱构建流程

（1）先验知识数据结构化。先验知识来源途径多样化，数据结构形式不一，音译表及特殊字母译写规定来源于《外语地名汉字译写导则》（GB/T 17693），为非结构化数据；约定俗成地名来源于公开出版的地名录，为半结构数据；人名、国家或首都名来源于人名辞典、权威性外语词典，为结构化数据。

（2）先验知识分类。按照内容的不同，本章将先验知识分为实例类与规则类。其中，实例类先验知识有具体的专名和专名音译结果，可以直接与待音译专名匹配，匹配一致，待音译结果为该专名音译结果；规则类先验知识用于专名音译流程，通过音译流程得到专名音译结果。

（3）先验知识抽取。根据知识的类型不同，采用不同的知识抽取方式。非结构化文本通过基于规则的方法将知识抽取成三元结构。半结构化知识通过基于规则的方法转换为结构化文本，结构化文本映射为三元组形式。

（4）先验知识存储。选取原生图数据库 Neo4j 来存储先验知识，通过批量导入命令将构造好的三元组存入图数据库，构成有向图模型。

（5）一致性检验。通过有向图模型进行实体消歧和一致性检验，消除其中存在实体异构、规则死循环、规则不一致等问题，最后构成知识图谱。

## 2.4 地名专名音译先验知识分类

### 2.4.1 先验知识

先验知识是各领域专家学者对某类问题经过研究而得出的结论。地名专名音译先验知识主要来源于《外语地名汉字译写导则》《世界地名翻译大辞典》《外国地名译写手册》《世界人名翻译大辞典》《韦氏词典》《外研社现代西汉汉西词典》《牛津词典》等大型公开出版物。根据知识内容，本章将西班牙地名专名音译先验知识分为实例类和规则类。

1）实例类地名专名音译先验知识

实例类地名专名音译先验知识为惯用汉字译名和以人名命名的地名。惯用汉字译名为在公开出版物上关于境外地名的固定汉字音译，比如主要城市名、国家名、首都名，等等，尤指国家的名称，不可以随意改变。除此之外，尊重各个国家的官方语言，以官方语言对应的汉字译写为主，且国外地名用人名命名的有很多，例如 General San Martín（圣马丁将军镇）中 Martín 为人名，因此人名译写也要有参考标准。实例类地名专名先验知识主要来源于《世界地名翻译大辞典》《外国地名译写手册》等这类国外地名译写公开出版物，《世界人名翻译大辞典》满足对人名译写时标准化译名的需要，《牛津词典》《韦氏词典》《外研社现代西汉汉西词典》这类具有权威性和官方的词典可以用作查找世界国家、首都、行政区划的中文译名。

2）规则类地名专名音译先验知识

规则类地名专名音译先验知识主要为《外语地名汉字译写导则》中关于音译方面的规则。该导则自 20 世纪 90 年代各部门专家学者不断研制、修订、完善，截至 2011 年 9 月底，共涉及 8 个语种，分别为英语、法语、德语、俄语、西班牙语、阿拉伯语、葡萄牙语和蒙古语。规则类西班牙语专名先验知识包括西（班牙）汉音译表，地名专名汉字译写规则，音节划分规则，特殊字母译写规定。

## 2.4.2　实例类地名专名音译先验知识

根据实例类地名专名音译先验知识的内容，本章将其分为约定俗成地名和人名。约定俗成地名为《世界地名翻译大辞典》《外国地名译写手册》等这类国外地名译写公开出版物收录的地名知识，主要包括国家(地区)、首都(首府)、城镇和居民点、山川、河流、岛屿、海洋等名称，以及古国、古城新旧地名，一些历史地名、名胜古迹和国家自然保护区等名称。表 2-4 表示的是阿根廷地名(部分)。

表 2-4　　　　　　　　　　　阿根廷地名(部分)

| 英文词名 | 中文地名 | 地名说明 | 国家 | 经度 | 纬度 |
|---|---|---|---|---|---|
| Buenos Aires L | 布宜诺斯艾利斯湖 | (大卡雷拉湖) | 阿根廷 | — | — |
| Chaco Austral | 南查科 | (地区) | 阿根廷 | — | — |
| Patagonia | 巴塔哥尼亚 | (地区) | 阿根廷 | — | — |
| Mogno | 莫尼奥 | (奠基纳) | 阿根廷 | 68°18′W | 30°44′S |
| Puerto Coig | 科奇港 | (科伊莱港) | 阿根廷 | 69°12′W | 50°57′S |
| Río Seco | 里奥塞科 | (玛丽亚镇) | 阿根廷 | 63°44′W | 29°55′S |

《世界人名翻译大辞典》收录人名数量约 65 万，涉及 100 多个国家和地区，如表 2-5 所示，表中第一列为外国姓名，第二列为国家，第三列是中文人名。

表 2-5　　　　　　　　　　　西班牙语人名(部分)

| 外国姓名 | 国家 | 中文人名 |
|---|---|---|
| Filmus | 阿根廷 | 菲尔穆斯 |
| Flamarinque | 阿根廷 | 弗拉马林克 |
| Pampuro | 阿根廷 | 潘普罗 |
| Abans | 西班牙 | 阿万斯 |
| Abarbanel | 西班牙 | 阿瓦瓦内尔 |
| Abarcas | 西班牙 | 阿瓦尔卡斯 |

续表

| 外国姓名 | 国家 | 中文人名 |
|---|---|---|
| Abarco | 西班牙 | 阿瓦尔科 |
| Batiste | 西班牙 | 巴蒂斯特 |
| Batistuta | 西班牙 | 巴蒂斯图塔 |
| Bátiz | 西班牙 | 巴蒂斯 |
| Batres | 西班牙 | 巴特雷斯 |
| Celdron | 西班牙 | 塞尔德龙 |
| Celedonio | 西班牙 | 塞莱多尼奥 |
| Celeiro | 西班牙 | 塞莱罗 |
| Lacarra | 西班牙 | 拉卡拉 |
| Lacarte | 西班牙 | 拉卡特 |
| Lacazette | 西班牙 | 拉卡塞特 |

《世界地名翻译大辞典》这类地名录中对于世界国家、首都名记录有限，但是国家、首都名在翻译时要根据情况进行翻译，要求尊重国家主权，不可随意更改名称，因此要从《牛津高阶英汉双解词典（第9版）》《外研社现代西汉汉西词典》这类权威性词典补充国家、首都名，不同语言表示不同，如表2-6所示。

表2-6　　　　　　　　　国家、首都名（部分）

| 外语地名 | 中文 | 语种 | 类型 |
|---|---|---|---|
| Afganistán | 阿富汗 | 西班牙语 | 国家 |
| Afghanistan | 阿富汗 | 英语 | 国家 |
| Paris | 巴黎 | 英语 | 首都 |
| París | 巴黎 | 西班牙语 | 首都 |
| Berlin | 柏林 | 英语 | 首都 |
| Berlín | 柏林 | 西班牙语 | 首都 |
| Beijing | 北京 | 英语 | 首都 |
| Bélgica | 比利时 | 西班牙语 | 国家 |

续表

| 外语地名 | 中文 | 语种 | 类型 |
|---|---|---|---|
| Belice | 伯利兹 | 西班牙语 | 国家 |
| Alemania | 德国 | 西班牙语 | 国家 |
| Germany | 德国 | 英语 | 国家 |
| Tokio | 东京 | 西班牙语 | 首都 |
| Tokyo | 东京 | 英语 | 首都 |
| Francia | 法国 | 西班牙语 | 国家 |
| Japan | 日本 | 英语 | 国家 |
| Japón | 日本 | 西班牙语 | 国家 |
| Seoul | 首尔 | 英语 | 首都 |
| Seúl | 首尔 | 西班牙语 | 首都 |

## 2.4.3　规则类地名专名音译先验知识

规则类地名专名音译先验知识是指地名专名音译为汉字所需规则，包括音译表、地名专名音译优化规则等。

### 1. 音译表

音译行表示辅音字母，列表示元音字母，行列交叉表格表示"辅音+元音"组合的音译结果。例如，表 2-7 所示为西(班牙)汉音译表(部分)。

表 2-7　　　　　　　　　　西(班牙)汉音译表(部分)

| 元音部分 | | 辅 音 部 分 | | | | | |
|---|---|---|---|---|---|---|---|
| | | b | p | t/th | f | m | ll |
| | 汉字 | 布 | 普 | 特 | 夫(弗) | 姆 | 伊 |
| a | 阿 | 巴 | 帕 | 塔 | 法 | 马 | 亚 |
| e | 埃 | 贝 | 佩 | 特 | 费 | 梅 | 耶 |
| au | 奥 | 包 | 保 | 陶 | 福 | 毛 | 尧 |

续表

| 元音部分 | 辅音部分 | | | | | |
|---|---|---|---|---|---|---|
| | b | p | t/th | f | m | ll |
| in | 因 | 宾 | 平 | 廷 | 芬 | 明 | 因 |
| uo | 沃 | 博 | 波 | 托 | 福 | 莫 | 约 |
| an | 安 | 班 | 潘 | 坦 | 凡 | 曼 | 良 |
| in | 因 | 宾 | 平 | 廷 | 芬 | 明 | 林(琳) |
| ua | 瓦 | 布阿 | 普阿 | 图阿 | 富阿 | 穆阿 | 柳阿 |
| ui | 维 | 布伊 | 普伊 | 图伊 | 菲 | 穆伊 | 柳伊 |
| uo | 沃 | 博 | 波 | 托 | 福 | 莫 | 略 |

## 2. 地名专名音译优化规则

地名专名音译优化规则针对部分特殊情况进行规定，包括省译规则、音节划分规则、特殊字母(音节)译写等方面，语种不同，地名专名音译优化规则也不尽相同。

西班牙语地名专名音译优化主要规则如下：

(1)由复元音构成的专名按两个单元音译写，如 Cue(库埃)；

(2)专名中的连词 y 或 e 用连字符"-"表示，如 Albella y Janovas(阿尔韦利亚-哈诺瓦斯)；

(3)专名中的连词 o 或 u 在连接正名和副名时，副名译名用圆括号标注，如 Isla Plana o Nuava Tabarca(普拉纳(新塔瓦尔卡)岛)；

(4)辅音字母 m 在 b 和 p 前按 n 行汉字译写；

(5)双字母 cc 在 a、o、u 前按 c 译写；在 e、i 前按西(班牙)汉音译表中 c 加 s 行汉字译写；

(6)双辅音字母 ss 和 sc(和 e、i 相拼时)按西(班牙)汉音译表 s 行汉字译写；

(7)带重音符号的字母如 á、é、ò(í、ú 除外)等字母与无重音的字母发音相同，对音译结果无影响，可直接替换；

(8)y 是半元音字母，在词尾做元音 i，在元音前做辅音 y；

（9）辅音字母 x 在辅音前按 s 行汉字译写，在两个元音之间和词尾按 c 加 s 行汉字译写；

（10）oa、oe、io、aí、iú、uí 分别按两个元音译写。西班牙汉音译表中对于 oa、oe 本就是按照两个元音译写，io、aí 在进行汉字译写时根据其两个元音的发音选取了符合规则的汉字，故 oa、oe、io、aí 组合不再处理；

（11）uai 按 u 加 a 译写，ain 及其组合按 ai 横行汉字加 n 译写，ian 及其组合按 i 横行汉字加 an 译写；

（12）辅音字母 h 系无声字母，在两个元音之间按两个元音译写，在辅音后、开头和结尾直接删除即可；

（13）辅音字母 ll 在西班牙地名中发 [λ]，按音译表"利"行汉字译写。

## 2.5　地名专名先验知识抽取

### 2.5.1　常用知识抽取方法

知识抽取是从不同结构的数据源中进行知识提取。地名数据包括非结构数据、半结构数据和结构数据。面向非结构化数据的知识抽取有基于规则的方法，基于统计模型的方法和基于深度学习的方法等。西班牙语地名的先验知识为非结构化数据，且地名数据毫无规则没有数据特征，有的数据会引入外来字母和特殊符号等，长度较短，地名数据先验知识前期处理的准确度会直接影响后续翻译结果。基于统计模型的方法是利用完全标注或者部分标注的语料进行模型训练，对数据的输入特征有要求；地名数据短小无特征，在深度学习方法中效果并不理想。经过理论和实验验证，地名数据的知识抽取不适合基于统计模型的方法和基于深度学习的方法，且考虑到对准确度的要求和大量不规则符号，故采取基于规则的方法，由人工编写构建实体抽取规则，并将规则与字符串匹配进行知识抽取。半结构数据采取基于规则的方法整合为结构数据，然后再进行映射来提取。结构化数据则可以直接映射为三元组。地名的先验知识中本身并不存在明显的关系，也不存在事件，所以没有事件抽取，关系由人工根据抽取出的实体定义。

由于地名数据短小无特征，在深度学习方法中效果并不理想，故采用基于规则的方法进行知识抽取，实例类地名专名先验知识和规则类地名专名先验知识数据来源和结构不同，本文分别进行分行知识抽取，抽取的结果以三元组(头实体，关系，尾实体)的形式存放于 csv 文件中。

## 2.5.2　实例类地名专名音译先验知识抽取

实例类地名专名先验知识按内容可以分为约定俗成的地名、人名、首都国家名，约定俗成地名即《世界地名翻译大辞典》《外国地名译写手册》等地名录中的知识。

约定俗成地名为半结构化数据，例如，单条数据可提取到的有效信息一般为"Abra，L. del，阿布拉湖，阿根"，其中来源国家为"阿根廷"，地名专名"Abra"，地名专名翻译"阿布拉"。这类地名的结构一般为"专名"、"专名，通名缩写"、"专名，通名缩写，介冠"或者"通名 专名"，中文翻译一般为"音译专名+意译通名"。转化为结构化数据的思路如表 2-8 约定俗成地名转化为结构化数据思路所示。

表 2-8　　　　　　　　　　　约定俗成地名转化为结构化数据思路

| |
|---|
| 判断约定俗成地名 placename 的长度 PLL = ( placename. split ( " \ t") ) . length，placename_chinese 为对应中文翻译，给定一个通名集合 commonname，包括阿根廷地名的所有通名，专名 propername 初始状态为空值，专名翻译 propername_chinese 初始状态为空值为空值 |
| 2. 当 PLL = 1 时，placename = propername，placename_chinese = propername_chinese |
| 3. 当 PLL > 1 且 placename 中无","或者"."、placename = propername，placename_chinese = propername_chinese |
| 4. 当 PLL > 1 且 placename 中出现","和"."，第一个","的位置为 loc，则 placename [ 0，loc ] = propername，placename_chinese 逆向在 commonname 中匹配，匹配到的通名直接去掉，形成 new_placename_chinese，new_placename_chinese = propername_chinese |
| 5. 判断 propername 的长度 PRL = ( propername. split ( " \ t") ) . length，若 PRL > 1，则将 propername 生成若干个字符串，并将 propername_chinese 按照发音对应分成中文字符串 |

上述方法得到的是单个专名，但是在约定俗成的地名和人名中，有整体约定

俗成地名，不可以分开翻译，例如 leonardo da vinci(莱昂纳多·达·芬奇)，单独出现按照单独专名音译，整体出现按照约定俗成音译。

　　由于地名数据是毫无规律且不规则的，因此要对生成的数据进行人工检查，将意译但是未发现的通名、形容词、方位词等找出来，保证数据的准确性和对应性。检查无误后生成的结构化数据映射为三元组数据。设置三元组数据的格式为(头实体，关系，尾实体)，对于每一个结构化的约定俗成专名，可以得知的信息的地名专名，专名来源，时间，专名所属国家，专名翻译结果，专名类别，将这些信息进行整合，构造三元组及其属性。三元组有(专名，音译为，中文)，专名对应的是结构化地名专名，专名的属性有整体专名和单个专名，音译的属性为约定俗成，中文是其所对应的翻译。(中文，来源于，中文来源)，中文来源指的是该专名所属地名录，来源于的属性是"地名所属国家"，中文来源的属性是"该地名录出版时间"，例如(Puntana(单个专名)，音译为(约定俗成)，蓬塔纳)，(蓬塔纳，来源于(阿根廷)，《世界地名翻译大词典》(2008))。

　　人名是结构化的数据，可以直接进行映射生成三元组(头实体，关系，尾实体)。(专名，音译为，中文)，专名即为外国姓名，属性包括整体形式和单个专名，中文是外国姓名对应的翻译，关系为音译为，音译为的属性为人名。(中文，来源于，中文来源)，中文来源为该中文出处，关系为来源于，来源于的属性为语种，专名来源的属性为出版时间，例如(Bátiz，音译为(人名)，巴蒂斯)，(巴蒂斯，来源于(西班牙语)，《世界人名翻译大词典》(1993))。

　　国家或首都名是结构化的数据，可以直接进行映射生成三元组(头实体，关系，尾实体)。(专名，音译为，中文)，专名即为国家或首都名，属性包括整体形式和单个专名，中文是外国姓名对应的翻译，关系是音译为，音译为的属性为国家或首都名。(中文，来源于，中文来源)，中文来源为该专名出处，关系为来源于，来源于的属性为语种，中文来源的属性为出版时间，例如(Alemania，音译为(国家名)，德国)，(德国，来源于(西班牙语)，《外研社现代西汉汉西词典》(1993))。

### 2.5.3　规则类地名专名音译先验知识抽取

　　规则类地名专名音译先验知识来源于《外语地名汉字译写导则》，全部为文本文件，且规则类先验知识语句冗余、没有特征、领域性较强，本章采取人工制定规则抽取方法。下面以西班牙语地名为例来介绍规则类地名专名音译先验知识抽取方法。

音译通过对西（班牙）汉音译表的解析，字母和音译汉字按照 Translation ＝ (E，C)进行对照，E 表示西班牙语字母，包括单元音、单辅音、辅+元音节组合这三种形式，C 表示字母对应的汉字译写结果，Translation 表示它们之间的对应关系。通过对应的关系生成西（班牙）汉音译字典，存储为表格形式，作为西（班牙）汉音译对照标准。西（班牙）汉音译表为多维表格，首先要将其转换为二维表格。转换后的二维表格(部分)如表 2-9 所示。将转换后的结构化数据映射为三元组(音节，音译为，中文)，例如(cao，音译为，考)。

表 2-9 音译表二维表格形式(部分)

| 西班牙语音节 | 中文翻译 | 西班牙语音节 | 中文翻译 |
|:---:|:---:|:---:|:---:|
| a | 阿 | cai | 凯 |
| ae | 艾 | can | 坎 |
| ai | 艾 | cao | 考 |
| an | 安 | cau | 考 |
| ao | 奥 | cc | 克 |
| au | 奥 | cca | 卡 |
| b | 布 | chae | 柴 |
| ba | 巴 | chai | 柴 |
| bae | 拜 | chan | 钱 |
| bai | 拜 | chao | 乔 |

地名专名音译优化规则以文本形式存在，没有特征，人工构建三元组，形成具有语义结构的三元组，每个字母的属性为元音或辅音，三元组结构有(特殊字母，位于，位置)、(位置，符合，前提条件)、(位置，符合，规则)、(前提条件，符合，规则)、(规则，改变状态，特殊字母)等结构，该特殊字母位于某个位置，该位置满足规则，由该规则推出改变该特殊字母状态变为其他特殊字母，

两个特殊字母属于同一个实体类别。由于规则的复杂性不同，关系的属性为特殊字母，故所需要的结构也不同，例如：

规则"字母 v 位于词首按 b 译写"，可表示为(v，位于，词首)，(词首，符合，该位置为 v)，(该位置为 v，改变状态，b)，v 的属性是辅音，b 的属性是辅音，位于、符合、改变状态三个关系对应的属性为 b。

规则"字母 v 位于 m、n 后按 b 译写"，可表示为(v，位于，词中)，(词中，符合，前 1 位置的字母为 m、n)，(前 1 位置的字母为 m、n，改变状态，b)，v 的属性是辅音，b 的属性是辅音，位于、符合、改变状态三个关系对应的属性为 b。

规则"辅音字母 h 系无声字母，在两个元音之间按两个元音译写，在辅音后、开头和结尾即直接删除即可"，可表示为(h，位于，词首)，(词首，符合，该位置的字母为 h)，(该位置的字母为 h，改变状态，删除 h)；(h，位于，词中)，(词中，符合，前 1 位置的字母是元音)，(前 1 位置的字母是元音，符合，前 1 位置的字母是元音且后 1 位置的字母也是元音)，(前 1 位置的字母是元音且后 1 位置的字母也是元音，改变状态，按两个元音发音)；(h，位于，词中、词尾)，(词中、词尾，符合，前 1 位置的字母不是元音)，(前 1 位置的字母不是元音，符合，前 1 位置的字母不为 t、g、c、q 且前 1 位置的字母不是元音)，(前 1 位置的字母不为 t、g、c、q 且前 1 位置的字母不是元音，改变状态，删除 h)，h 可以与 t、g、c、q 组成辅音字母 th、gh、ch、qh，位于、符合、推出三个关系对应的属性为 h。

按照上述方法将所有地名专名音译优化规则抽取为三元组的形式，结构统一，逻辑清楚，有系统的语法结构。

## 2.6　地名专名音译知识图谱存储及一致性检验

### 2.6.1　常用知识存储方法

目前，随着数据量的增大和需求的不断扩大，数据存储的方法层出不穷，常用的数据存储方法有关系型数据库存储、非关系型数据库存储、文件存储、图形数据库存储。

关系型数据库存储使用关系模型对数据进行组织、以列为单位进行数据存储，通俗易懂，行和列合称表，它可被理解成一个二维表格的模式，二维表和其中间关系构成关系数据库，用户以查询的方式进行数据检索，对所述数据库中指定区域进行查询。关系型数据库按照结构化的方式存储数据，每个数据表定义字段，根据表的结构存入数据，保证数据表的可靠性和稳定性。关系型数据库采用结构化查询语言（即 SQL）对数据库进行检索和增、删、减、改。关系型数据库使用二维表格的形式容易被理解，SQL 语言使得操作更加方便，但是不擅长大量数据的写入处理，字段不固定时使用不方便，无法追踪关联关系，不具备关系推理能力。

非关系型数据库存储中的数据是作为对象进行保存的，对象间的关系是由自身属性所决定的，主要有 MongoDB、Redis 和 CouchDB。非关系型数据库以键值来存储，结构不稳定，每个元组可以有不一样的字段，没有固定的结构，查询信息时，不用进行多表查询，可以根据 key 来查找出对应的 value 值。非关系型数据库的优点是极强的并发读写性能，可以在海量数据库中快速查询数据，缺点是约束较少，只能存储简单数据，不能够持久化数据，依赖关系型数据库。

文件存储主要有 txt、json、csv 等文本文件存储方式，还可以在非关系和关系数据库中保存。TXT 文本库易于使用，适用于任何平台，缺点是搜索不方便。JOSN 文件存储是通过对象和数组来表示数据，结构简单形式统一，是一种轻量的数据交换模型。CSV 是任意数目的纪录，为字符序列，以表格形式存储，表格内的数据为文本，数据的组成之间没有规律，记录间用换行符分隔，字段为记录的单位，字段序列完全一样，字段间的分隔符常用逗号或制表符，也可以是其他字符。Excel 文件更简单，XLS 文本是电子表格，包含了文本、数值、公式和格式等内容，而 CSV 中不包含这些内容，就是特定字符分隔的纯文本，结构简单清晰。基于文件的数据库很容易发布和插入，非常适合嵌入后端应用程序中，但由于数据存储在一个文件中，所以数据库不能太大。

图形数据库建立在图论的基础之上，利用节点与关系构成的图，对真实世界进行了直观建模，支持百亿级到千亿级尺度巨型图像：Neo4j、OrientDB、Titan 等的有效关系操作与复杂关系解析。图形数据库相较于关系型数据库、非关系型数据库和文件存储最大的优点就是可以利用图结构相关算法，比如计算最短路径、节点度关系查找，基于构建的语义网络进行知识推理，图数据库的性能可变、灵活度高、复杂性高，擅长处理点和边复杂关系网络，执行效率远超传统数据库，常用的图数据库是 Neo4j。Neo4j 是一款基于 Java 实现的开源图数据库，实现了专业数据库级别的图数据模型的存储，与普通图处理数据库相比提供了完整的数据库特性。

## 2.6.2　实例类地名专名音译先验知识存储

本章选用的知识存储技术是图数据库 Neo4j。Neo4j 存储三元组的方式有三种：第一种是在线存储构造好的三元组，这样的存储方式速度慢，只适用于更改已有的三元组，不适用于批量导入；第二种是关闭在线 Neo4j，通过 Neo4j-import 的方式导入，支持批量导入 CSV 文件，但是不支持在线更改、导入数据；第三种方式是使用 Load CSV 指导命令导入 Neo4j，批量导入的三元组必须是 .csv 格式，通过表头进行映射导入。

本章选用 Load CSV 指导命令将实例类地名专名先验知识导入 Neo4j。实例类地名专名音译先验知识存储成 .csv 的格式（部分）如表 2-10 所示。

表 2-10　　　实例类地名专名音译先验知识 .csv 格式存储（部分）

| 专名 | 关系 | 中文翻译 | 关系 | 中文来源 |
|---|---|---|---|---|
| Chaco | 音译为 | 查科 | 来源于 | 《世界地名翻译大辞典》 |
| Escorial | 音译为 | 埃斯科里亚尔 | 来源于 | 《世界地名翻译大辞典》 |
| Puntana | 音译为 | 蓬塔纳 | 来源于 | 《世界地名翻译大辞典》 |
| Mogno | 音译为 | 莫尼奥 | 来源于 | 《世界地名翻译大辞典》 |
| Lorenzo | 音译为 | 洛伦索 | 来源于 | 《世界地名翻译大辞典》 |
| Seco | 音译为 | 塞科 | 来源于 | 《世界地名翻译大辞典》 |
| Abarca | 音译为 | 阿瓦尔卡 | 来源于 | 《世界人名翻译大辞典》 |
| Abarcas | 音译为 | 阿瓦尔卡斯 | 来源于 | 《世界人名翻译大辞典》 |
| Baticon | 音译为 | 巴蒂孔 | 来源于 | 《世界人名翻译大辞典》 |
| Batiste | 音译为 | 巴蒂斯特 | 来源于 | 《世界人名翻译大辞典》 |

续表

| 专名 | 关系 | 中文翻译 | 关系 | 中 文 来 源 |
|------|------|---------|------|------------|
| Batlle | 音译为 | 巴特列 | 来源于 | 《世界人名翻译大辞典》 |
| Irlanda | 音译为 | 爱尔兰 | 来源于 | 《外研社现代西汉汉西词典》 |
| Pakistan | 音译为 | 巴基斯坦 | 来源于 | 《牛津高阶英汉双解词典(第9版)》 |
| Paris | 音译为 | 巴黎 | 来源于 | 《牛津高阶英汉双解词典(第9版)》 |
| París | 音译为 | 巴黎 | 来源于 | 《外研社现代西汉汉西词典》 |
| Berlin | 音译为 | 柏林 | 来源于 | 《牛津高阶英汉双解词典(第9版)》 |
| Berlín | 音译为 | 柏林 | 来源于 | 《外研社现代西汉汉西词典》 |

使用 Load CSV 附带表头导入 Neo4j 中，图 2-7 为实例类地名专名先验知识在 Neo4j 存储的可视化结果。

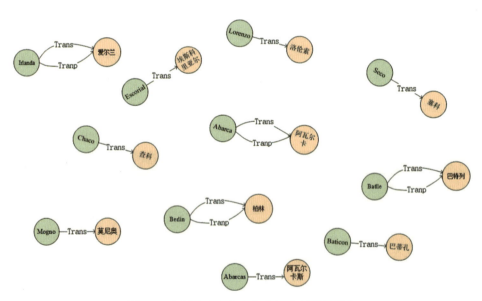

图 2-7　实例类地名专名先验知识存储可视化

### 2.6.3　规则类地名专名音译先验知识存储

规则类地名专名音译先验知识的存储包括音译表的存储和特殊字母译写规定

的存储。所用的存储工具是图数据库 Neo4j，将三元组存储为 CSV 文件后通过 Load CSV 的命令导入。

## 1. 音译表的存储

音译表的三元组存储(部分)如表 2-11 所示。

表 2-11　　　　　　　　　　　**音译表 . csv 格式存储(部分)**

| 音节 | 关系 | 中文 |
| --- | --- | --- |
| dau | 音译为 | 道 |
| de | 音译为 | 德 |
| dei | 音译为 | 代 |
| dein | 音译为 | 登 |
| den | 音译为 | 登 |
| di | 音译为 | 迪 |
| dia | 音译为 | 迪亚 |
| die | 音译为 | 迭 |
| dien | 音译为 | 迪恩 |
| din | 音译为 | 丁 |
| fai | 音译为 | 法伊 |
| fan | 音译为 | 凡 |
| fao | 音译为 | 福 |
| fau | 音译为 | 福 |
| fe | 音译为 | 费 |
| fei | 音译为 | 费 |
| fein | 音译为 | 芬 |
| fen | 音译为 | 芬 |

如表 2-11 所示的三元组关系(音节，音译为，中文)，将其批量导入 Neo4j 的存储，图 2-8 为音译表在 Neo4j 中的存储可视化结果。

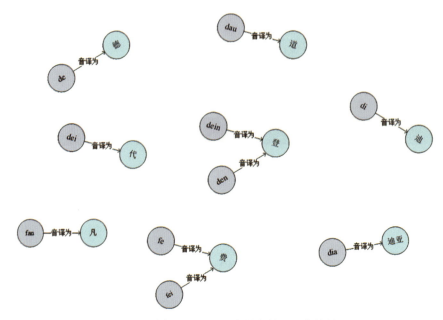

图 2-8　音译表在 Neo4j 中的存储可视化结果

## 2. 地名专名音译优化规则存储

地名专名音译优化规则规定按照 .csv 格式进行存储，实体类型有特殊字母、位置、前提条件、规则，关系类型有位于、符合、改变状态，实体和关系对应的属性也相应进行存储，结构统一，逻辑清楚，存储方式如表 2-12 所示。

表 2-12　　　　　　　　　特殊字母译写规定三元组 .csv 格式存储

| 特殊字母 | 关系 | 位置 | 关系 | 前提条件 | 关系 | 规则 | 关系 | 特殊字母 |
|---|---|---|---|---|---|---|---|---|
| v | 位于 | 开头 | 符合 | | 符合 | 该位置的字母为 v | 改变状态 | b |
| v | 位于 | 词中 | 符合 | | 符合 | 前 1 位置的字母为 m/n | 改变状态 | b |

续表

| 特殊字母 | 关系 | 位置 | 关系 | 前提条件 | 关系 | 规则 | 关系 | 特殊字母 |
|---|---|---|---|---|---|---|---|---|
| m | 位于 | 词中 | 符合 | | 符合 | 后 1 位置的字母为 b/p | 改变状态 | n |
| aa | 位于 | 开头 | 符合 | | 符合 | 该位置的字母为 a | 改变状态 | a |
| y | 位于 | 词尾 | 符合 | | 符合 | 该位置的字母为 y | 改变状态 | i |
| y | 位于 | 词首/词中 | 符合 | | 符合 | 该位置的字母是辅音 | 改变状态 | i |
| ü | 位于 | 开头 | 符合 | | 符合 | 该位置的字母为 ü | 改变状态 | u |
| ü | 位于 | 词中/词尾 | 符合 | | 符合 | 前 1 位置的字母不为 g | 改变状态 | u |
| nn | 位于 | 开头 | 符合 | | 符合 | 该位置的字母为 n | 改变状态 | n |
| nn | 位于 | 词中 | 符合 | | 符合 | 后 1 位置的字母位于词尾 | 改变状态 | n |
| x | 位于 | 词首/词中 | 符合 | 后 1 位置的字母是辅音 | 符合 | 该位置的字母是辅音 | 改变状态 | s |

　　将其批量导入 Neo4j，关系列外其他都为实体，如图 2-9 所示为特殊字母译写规定在 Neo4j 中的存储可视化结果。

## 2.6.4　地名专名音译知识图谱一致性检验

　　规则类地名专名先验知识由众多规则组成，构造好的规则间存在冲突，多个规则并存时会发生错误或者循环，本章利用知识图谱的图结构特点进行地名专名音译知识一致性检验，将不一致的规则查找出来进行后续处理，提高知识图谱质量。以下以西班牙语地名为例，介绍一致性检验方法。

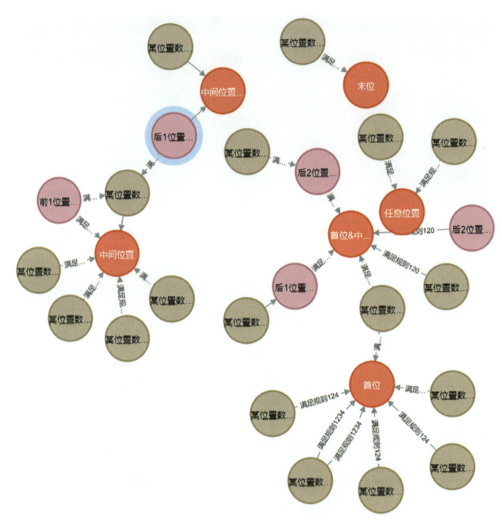

图 2-9 特殊字母译写规定在 Neo4j 中的存储可视化关系

规则类地名专名先验知识一致性检验包括规则循环检验、规则一致性检验，从而发现知识图谱所包含的规则间逻辑是否合理、是否存在规则死循环和规则语法错误等问题。

循环检验主要是检验特殊字母是否陷入无限循环中，如图 2-10 所示表示陷入了循环状态。

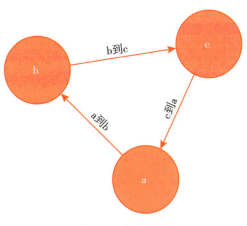

图 2-10  循环状态

陷入循环状态即该实体既可做头实体又可做尾实体。图 2-11 为正确的规则表示有向图，有向图最后的尾实体不会再推出新的关系。

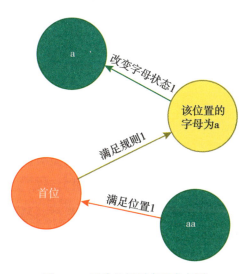

图 2-11  正确的规则表示有向图

根据图数据的图结构推理进行检验，检验的原理是头实体=尾实体，即一个实体既可以充当有向图的首端，又可以充当有向图的末端，特殊字母循环的检验步骤如下：

（1）对模式"特殊字母- * -特殊字母"在知识图谱中检索有向图，"- * -"表示中间关系若干且没有约束，目的在于将这种循环实体找出来，中间的关系不确定，所以对于关系任一即可。

（2）检索结果不为空，则存在这样的有向图，存在循环的特殊字母实体，存在规则构造错误，对其进行改正。

（3）查找结果为空，不存在循环状态规则的特殊字母实体。

规则一致性检验的原理基于模式"特殊字母-位于-位置-满足-规则-改变状态-特殊字母"，特殊字母位于特殊位置，特殊位置符合某个规则，按照规则改变状态为其他特殊字母，在对关系属性进行约束的情况下，一个规则对应一个尾实体，即一个最终状态，若对应多个最终状态，则会出现错误，规则不一致。规则一致性检验的步骤如下：

（1）对模式"规则- * -特殊字母"中的关系不设定关系类型，但给定关系属性为所对应的特殊字母，以待检验规则作为头实体检验该有向图。

（2）若有向图结果对应一个特殊字母类型的尾实体如图 2-12 所示，则该规则满足一致性。

图 2-12　规则一致的有向图

（3）若有向图结果对应两个及两个以上的特殊字母类型尾实体，如图 2-13 所示规则不一致示例，则视为规则不一致，要进行修改。

在图 2-13 中，辅音字母 h 有译写规则"h 系无声字母，但 th、ch、gh、qh 可以与 h 组成辅音，故 h 前是 t、c、g、q 时不删除 h，不是 t、c、g、q 时要删除 h"，将这一规则进行存储和推理，结果如图 2-13 所示，会出现两个最终改变状态"删除"和"按两个元音发音"。这类情况属于规则不一致。规则不一致的改进

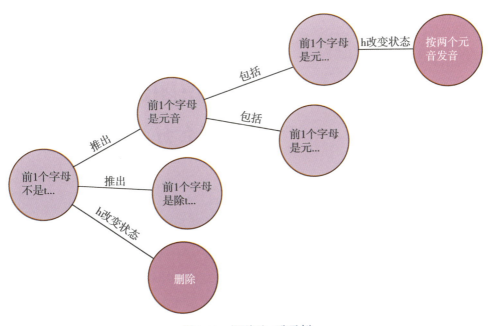

图 2-13    规则不一致示例

方法是增加前提条件，如上述可增加前提条件"前一个字母不是元音"，给规则的使用增加限制，避免在同一规则关系和属性都一样的情况下出现推理错误。

# 第 3 章　基于知识图谱的地名专名音译方法

## 3.1　引言

地名专名类型多样，音译规则复杂，尚未应用到地名机器音译中。本章按照有无约定俗成翻译结果，将专名分为实例地名专名和未登录地名专名，实例地名专名是指在公开出版物中存在翻译结果并被普遍使用的专名，未登录地名专名则不存在已有翻译且需要重新翻译的专名。针对上述两类专名特点，分别设计了基于知识图谱的地名专名音译方法，利用第 2 章所设计的地名音译知识图谱，实现外语地名的自动音译。其中，实例地名专名音译方法主要基于知识图谱，检索出专名已有音译结果，并根据地名整体翻译上下文，选择其中最合适的翻译结果。未登录地名专名音译主要基于知识图谱对地名专名进行音节优化、音节切分等操作，并根据其音节译写成汉字，完成专名音译。本章以西班牙语地名为例介绍基于知识图谱的地名专名音译方法。

## 3.2　常用知识图谱推理方法

知识推理主要围绕关系展开，根据实体、关系、图谱结构推测出未知的实体或关系，推理的主要任务有知识图谱补全、质量检校、链接预测、关系推理和冲突检测等。主要方法包含基于逻辑规则的推理、基于图结构的推理、基于表示学习的推理、基于神经网络的推理等。

## 1. 基于逻辑规则的推理

基于逻辑规则的推理主要是 AMIE（association rule mining under incomplete evidence）算法，通过按顺序学习，预测出每一种关系所遵循的规律：对每一种关系，首先是规则体是空，通过增加悬挂边、在扩展规则体中增加 3 种类型的操作，即增加实例边和增加闭合边，并对其进行局部扩展，将支持度高于阈值的候选规则保留。在此基础上对这些结果进行解释和分析，得出了一些有价值的结论，并将其应用于实际系统中，取得了较好的效果。基于逻辑规则的推理具有很强的解释性。可触发自动推理，但生成规则覆盖度较低，模型预测效果较差。

## 2. 基于图结构的推理

基于图结构的推理是将关系路径作为特征的推理算法，基本思想是通过链接实体的关系来预测实体间可能存在的链接，通常用于链接预测任务，计算路径特征可以转化为逻辑规则，以便发现知识图谱中隐藏的知识。常见的图结构推理方法有 PRA（path ranking algorithm）。基于知识图谱路径特征的 PRA 算法，可以用于给定头实体 h 和关系 r 来确定尾实体 t，也可用于给定关系 r 和尾实体 t 来预测头实体 t，PRA 将路径当做特征，并通过图上的计算对每个路径赋予相应的特征值，然后利用特征学习一个逻辑斯蒂回归分类器来完成关系推理。利用游走的路径排序算法首先要生成路径，一个路径 P 是由一系列关系组成的，即

$$P = T_0 \xrightarrow{r_1} T_2 \xrightarrow{r_2} \cdots \xrightarrow{r_{n-1}} T_{n-1} \xrightarrow{r_n} T_n$$

式中，$T_n$ 为关系 $r_n$ 的作用域以及关系 $r_{n-1}$ 的值域，基于路径的随机游走定义了关系路径的分布，得到每条路径的特征值 $s_h$、$p(t)$，$s_h$、$p(t)$ 初始化为 1，在游走中更新规则如下：

$$s_{h,\,p(e)} = \sum_{e' \in \text{range}(p')} s_{h,\,p'(e')}(e') \cdot p(e \mid e';\ r_l)$$

式中，$p(e \mid e';\ r_1) = \dfrac{r_l(e',\ e)}{\mid r_l(e';\ \mid}$ 表示从节点 $e'$ 出发沿着关系 $r_l$ 通过一步的游走到达节点 $e$ 的概率，关系 $r$ 在得到路径特征 $p_r = \{p_1, \cdots, p_n\}$ 之后，PRA 为关系 $r$ 训练一个线性预测实体排序模型，头实体和尾实体的组合得分计算方法如下：

$$\text{score}(h,\ t) = \sum_{p_i \in p_r} \theta_i s_{h,\ p_i(e)} = \theta_1 s_{h,\ p_1(e)} + \theta_2 s_{h,\ p_2(e)} + \cdots + \theta_n s_{h,\ p_n(e)}$$

每个样本的得分，通过逻辑斯蒂函数得到概率，即

$$p(r_i = 1 \mid \text{score}(h_i,\ t_i)) = \frac{\exp(\text{score}(h_i,\ t_i))}{1 + \exp(\text{score}(h_i,\ t_i))}$$

再根据一个线性变化加上最大似然估计，设计损失函数如下：

$$l_i(\theta) = w_i [y_i \ln p_i + (1 - y_i) \ln(1 - p_i)]$$

式中，$y_i$ 为训练样本 $(h_i,\ t_i)$ 是否具有关系 $r$ 的标记。结合了有效采样和随机游走的 PRA 可以快速利用知识图谱的结构对知识进行推理，是典型的基于图结构的知识图谱推理算法。

### 3. 基于表示学习的推理

基于表示学习的推理本质上是找到一种映射函数，将符号映射到向量空间表示，捕捉实体和向量间的隐式关系，常见的算法有 TransE 系列算法。在 TransE 中，将实体与关系均用向量来表示，对于某一个具体的关系(head, relation, tail)，知识图谱上，建立某一个三元组，那么实体与关系之间就需要满足 head+relation ≈ tail 这一关系，如图 3-1 TransE 所示的模型，三元组表示为(head, relation, tail)，head, tail 属于实体集 E、满足 head+relation ≈ tail。

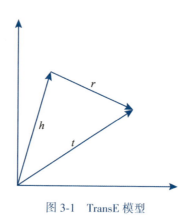

图 3-1　TransE 模型

定义距离公式为：

$$d(h, l, t) = \| h + l - t \|_2^2$$

定义损失函数为：

$$L = \sum_{(h, l, t) \in S} \sum_{(h', l', t') \in S'(h, l, t)} [\gamma + d(h + l, t) - d(h' + l, t')]_+$$

其中，$[x]_+$ 表示大于 0 取原值，小于 0 取 0。

$$S'_{(h, l, t)} = \{(h', l, t) \mid h' \in E\} \cup \{(h, l, t') \mid t' \in E\}$$

上式表示被破坏的三元组，其中 head 头实体或者 tail 尾实体更换为随机的实体，并以此为对照组。在训练模型中，预期原三元组的损失函数较少，在被破坏后，三元组损失函数较大。TransE 模型易于操作，节省时间，但是不适用于一对多、多对一的关系。

## 4. 基于神经网络的推理

基于神经网络的推理模型主要有 NTN（Neural Tensor Networks）、R-GCN、IRN（Implicit ReasoNet）。NTN 模型是 2013 年提出的，模型的实现主要是针对两个已经确定的实体 $(e_1, e_2)$ $(e_1, e_2 \in R^d$ 实体，表示向量），找出一个确定的关系 $R$，给出具体分数，具体方法如下公式：

$$g(e_1, R, e_2) = u_R^T f(e_1^T W_R^{[1:\,k]} e_2 + V_R[e_1 e_2] + b_R)$$

式中，$f = \tanh$ 为标准非线性函数，$W_R^{[1:\,k]} \in R^{d \times d \times k}$ 是张量，$e_1^T W_R^{[1:\,k]} e_2$ 双线性张量积，结果为 $h \in R_k$，每个 $h_i$ 代表一个张量切片 $h_i = e_1^T W_R^{[1:\,k]} e_2$，$R$ 的其他参数参照标准神经网络 $V_R \in R^{k \times 2d}$，$U \in R^k$，$b_R \in R^k$。NTN 使用一个 bilinear tensor layer 替换标准线性神经网络来直接关联两个实体向量。图 3-2 是 NTN 的模型，模型计算两个实体存在某个关系的可能性分数。该模型能够与下游的任务进行关系预测对接、知识库的补全，等等。好处在于，实体里的字比实体少得多，可反复使用单词向量来构造实体的表示；将本体映射到关系矩阵时，能够避免传统方法对节点进行重新划分而造成的冗余信息。利用关系张量的不同切片分别对应于不同实体向量前语义联系，加强和不同实体之间的语义联系。提出一种基于词性和上下文信息的多源异构本体集成方法，通过对概念间关系进行扩展来建立多源异构本体之间的映射机制，并将其应用于知识图谱的生成。不足之处在于，该模型完全学习要使用很多三元组，这种模型对大规模稀疏知识图谱的影响是难以忽略的。

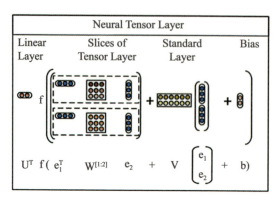

图 3-2　NTN 模型

RCN 模型结构如图 3-3 所示。区别于普通 GCN 模型，RCN 模型引入了由边型和方向所确定的关系转换，$\oplus$ 的后一项表示节点的自连接。红色是一个实体，它和蓝色邻居节点一起执行矩阵操作，然后变换每一个关系的边的类型，获取绿色部分已进行归一化处理的结果，累加之后通过激活函数发出去，以及更新所述模型中各节点的参数。其优势在于，第一次将图卷积网络带入知识推理领域；不足之处在于结果的不稳定性，当输入变量个数较多时，会产生大量的冗余信息。在关系数较多的情况下引入过多的关系矩阵，不能训练出参数爆炸的模型。

IRN(implicit reasonet)模型设计了一个共享记忆组件通过隐式地存储知识库信息来模仿人脑对知识的存储。与通常使用的推理方法不同，通常的推理方法是人工设计推理过程，直接对所找到的三元组进行加工。而 IRN 模型无需人工干预，可以通过阅读共享的记忆组件，隐式学习到多步推理的过程，模拟人脑执行推理判断的读取和记忆过程。图 3-4 是这一模式的示意图，模型的预测过程需依次构成若干中间表示，对于每一次产生一个中间表示，利用 RNN 控制器确定中间表示中是否已编码出足够的信息，以生成输出预测。如果不允许，则重新检查中间表示是否已解码完毕。在控制器许可的情况下，将当前的预测输出，即为最终的结果。否则，控制器得到当前中间表示，读取所述共享记忆组件，把二者信

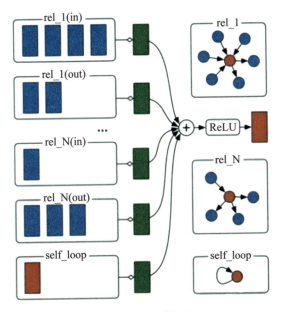

图 3-3　RCN 模型

息融合为一个上下文向量集合,生成一个新中间表示,再反复进行以上的判断过程,一直到让控制器停止进程为止,这时就可以输出预测结果了。

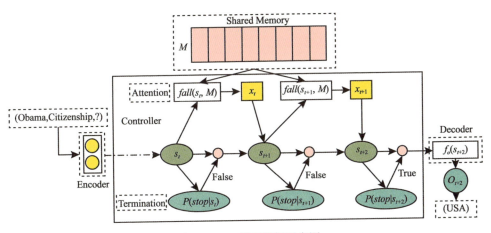

图 3-4　IRN 模型框架示意图

## 3.3  基于知识图谱推理的实例地名专名音译方法

### 3.3.1  基本流程

基于知识图谱推理的实例地名专名音译方法，首先依据待音译地名专名查询其在知识图谱的实例类地名先验知识中所对应的所有音译结果，然而，依据地名类型等相关规则进行消歧，选择最优翻译，基本流程图如图 3-5 所示。

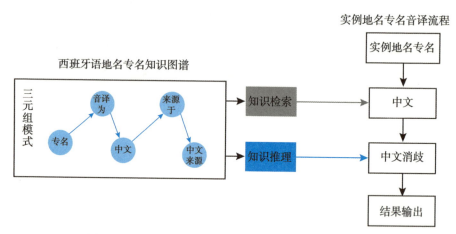

图 3-5    基于知识图谱推理的实例地名专名音译基本流程

在知识图谱中的操作为：以待音译的实例地名专名为头实体，在知识图谱中检索尾实体类别为中文，关系类别为"音译为"的有向图，由于类别不同，可能不止一个尾实体，因此要对中文进行实体消歧。针对多个中文的情况，根据关系"音译为"的属性值和"中文-来源于-中文来源"三元组以及该三组的属性值制定规则进行实体消歧，输出后确认结果。

### 3.3.2  实例地名专名音译结果消歧

实例地名专名每一种类型对应一个中文翻译，同类型间不会有歧义产生，一个实例专名在不同分类里对应的中文翻译不同，同一个专名可以是约定俗成地

名，可以是人名，也可以是国家或首都名，每一种翻译都是正确的，例如
"Francia"，《现代西汉汉西词典》翻译为国家名是"法国"，《世界地名翻译手册》
翻译为"法兰西"，翻译为人名是"弗朗西亚"。根据地名翻译规则进行合理的音
译结果选取，类别中首都或国家名优于约定俗成地名，约定俗成地名优于人名，
出版时间新的优于出版时间旧的，地名所属国家优于其他国家等。针对上述同一
专名对应多个不同中文翻译的情况，基于知识图谱，结合地名上下文，选择最合
适的音译结果，消歧算法思路如表 3-1 所示。

表 3-1　　　　　基于知识图谱推理的实例地名专名音译结果消歧算法思路

| 以待翻译实例专名 e-propername 为头实体，查找关系为音译为，尾实体为中文的有向图 d-graph，d-graph 的中文为 Chinese，选取结果用 end 表示 |
| --- |
| 1. 若 d-graph 数量为 1，则 Chinese 数量为 1，该 Chinese＝end |
| 2. 若 d-graph 数量大于 1，Chinese 数量为 1，该 Chinese＝end |
| 3. 若 d-graph 数量大于 1，Chinese 数量大于 1，关系音译为属性 Trans_type 不相同，则按照国家或首都名>约定俗成>人名依次进行选取 |
| 4. 若 d-graph 数量大于 1，Chinese 数量大于 1，Trans_type 相同，以 Chinese 为头实体，查找关系为来源于，尾实体为中文来源的有向图 d-graph2，d-graph2 中尾实体中文来源设为 Chinesesouce，属性为 Chinesesouce_type，来源于的属性为 From_type，优先选取 From_type 为地名所属国家或所属语种 |
| 5. 若 d-graph 数量大于 1，Chinese 数量大于 1，Trans_type 相同，From_type 相同，选取 Chinesesouce_type 中时间最新的为 end |

## 3.4　基于知识图谱推理的未登录地名专名音译方法

### 3.4.1　基本流程

基于知识图谱推理的未登录地名专名音译方法主要针对未登录专名，依据有

限状态机思路，基于知识图谱进行推理，完成达到音译，主要包括音节优化、音节切分以及汉字译写三个主要环节。音节优化环节首先结合知识图谱将特殊字母进行检索，根据有向图进行推理，判断特殊字母是否符合规则，触发有限状态机，对符合规则的特殊字母进行优化。音节切分环节将专名按照辅音进行切分，切分好的音节在知识图谱中进行音节检索，将音节作为头实体，查找音译为关系，尾实体为中文的有向图。汉字译写按照音节切分结果顺序依次输出为汉字译写。针对未登录西班牙地名专名音译方法流程如图 3-6 所示。

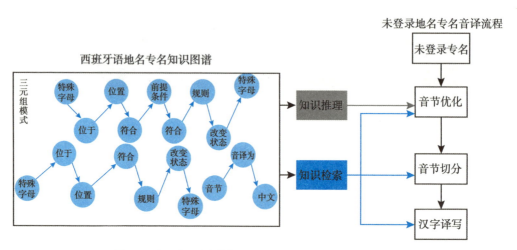

图 3-6　基于知识图谱推理的未登录地名专名音译流程图

### 3.4.2　地名专名音节优化

音节优化是将专名字母按照相关规则进行优化，使得后续音节切分结果更加符合规范要求。例如，依据西班牙语地名专名音译规则"辅音字母 m 在 b 和 p 前按 n 行汉字译写"，则需要将地名中该类情况进行优化，为后续音节切分环节提供更加合理的地名字母序列。该过程视为从一种专名字母状态按照一定规则转换为另一种状态的过程。因此，本章借助有限状态机思路，基于地名专名音译知识图谱来形式化表达该过程。

有限状态机主要用来记录对象在某一周期内随着时间产生的状态，以及状态发生前为了响应外界事件要进行的动作。有限状态机有四个要素：现态、条件、动作、次态。

现态：指的是对象目前所处的状态。

条件：是对象需要引发动作或者状态变化的必要条件，符合该条件就会引发某一动作或者某一状态变化。

动作：满足条件后触发的动作，动作的发生不是必需的，可能不发生动作直接产生新状态，也可能发生动作后再产生新状态，也可能还是目前的状态。

次态：相对于状态而言的，在条件或者动作产生后出现，可能与现态不同，也可能与现态相同，次态触发产生后变成现态。

**1. 地名专名状态的形式化表达**

专名音节优化主要取决于专名各音节中字母所处位置及前后字母。基于这一特点，本章针对专名中所出现的每个字母为对象，描述其类型和位置，形成对于地名专名状态的表达。其中，位置有词首、词中、词尾三种及其组合，词首用"0"表示，词中用"else"表示，词尾用"-1"表示，之间的组合通过"&"相连，词中或词尾可用"else&-1"表示。前一字母和后一字母可用"-1""+1"来表示，"Ture"和"False"表示"是"和"不是"，专名长度用"len"表示。例如对于前提条件"后 1 位置为辅音"可以表示为"model +1 Ture｛'辅音'｝"，前提条件"后 2 位置的字母位于词尾"可以表示为"index +2 Ture len-1"，对于规则"该位置的字母为 n"可以编码为"ename +0 Ture｛'n'｝"，规则"前 1 位置的字母是元音且后 1 位置的字母也是元音"可表示为"model -1 Ture｛'元音'｝&model +1 Ture｛'元音'｝"，状态描述结果如图 3-7 所示。

**2. 地名专名音节优化**

根据地名状态，如果在知识图谱中存在对应变换规则的，则触发状态变换规则，将地名状态进行改变，形成新的状态，依次迭代直到状态稳定，具体算法思路如表 3-2 所示。

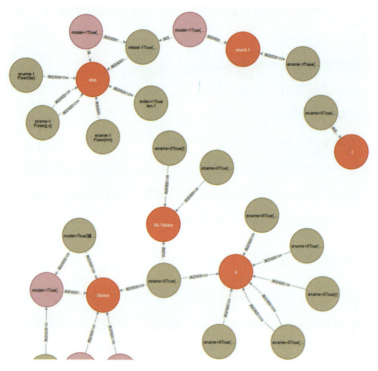

图 3-7    地名专名状态形式化表达结果

| 表 3-2 | 基于知识图谱推理的音节优化算法思路 |
|---|---|
| 1. 输入待地名专名状态，检索知识图谱中所对应的触发条件，判断地名专名状态中是否包含该条件，并保存查询结果 | |
| 2. 若查询结果为真，根据检索结果中包含所有该状态进行音节优化应满足的位置、前提条件、规则和尾实体，根据对应的触发条件，将其所对应的尾实体替换现地名状态，并重新进入步骤 1 | |
| 3. 若查询结果为假，则表示算法完成 | |

### 3.4.3   地名专名音节切分与汉字译写

地名专名音节切分主要根据规则类地名专名音译知识图谱中的音译表将音节优化后的地名专名进行音节切分。本章采用双向最大匹配算法进行音节切分，其基本思路为：首先分别进行正向与逆向音节切分；然后，将两者切分结果进行对比，按照知识图谱中的规则选择其中一种作为音节切分结果。

正向最大匹配切分单词流程为(如图 3-8 所示)：

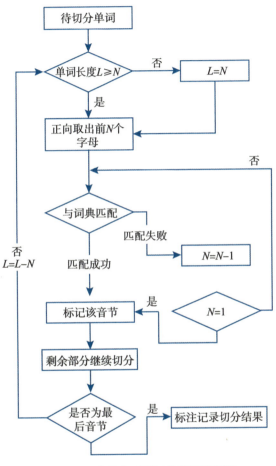

图 3-8　正向最大匹配切分单词流程图

(1)输入待切分单词，将其字母转换为全部小写字母；

(2)取出字典中的最大长度值 $N$；

(3)判断单词长度 $L$ 与最大长度值 $N$ 的关系。若 $L<N$，则令 $N=L$，以单词长度代替最大长度值进行匹配；

(4)将指针指向从前向后的第 $N$ 个字母(正数),并取出指针与指针前的全部字符 $S_1S_2\cdots S_N$,遍历分词词典判断字符串 $S_1S_2\cdots S_N$是否存在。若存在,则标注该音节,并将剩余部分进行继续切分。若不存在,则指针向前移动一个单位,取出前 $N-1$ 个字符 $S_1S_2\cdots S_{N-1}$,继续判断 $S_1S_2\cdots S_{N-1}$在分词词典中是否存在,依次类推,直至切分出第一个音节,再将剩余部分按照此方法继续切分;

(5)由前向后依次切分,直至最后一个音节,最后将切分的音节组合在一起存入数组。

逆向最大匹配切分单词的流程为(如图 3-9 所示):

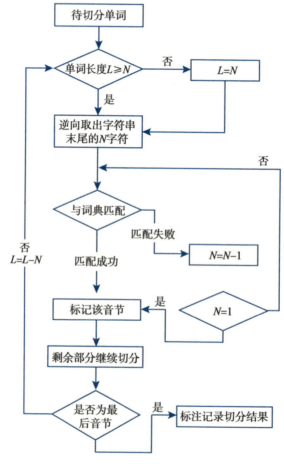

图 3-9　逆向最大匹配切分单词流程图

（1）输入待切分单词，将其全部转换为小写字母。

（2）取出字典中的最大长度 $N$。

（3）判断单词长度 $L$ 与最大长度值 $N$ 的关系。若 $L<N$，则令 $N=L$，以单词长度代替最大长度值进行匹配。

（4）将指针指向从后向前的第 $N$ 个字母（倒数），并取出指针与指针后的全部字符 $S_N S_{N+1} \cdots S_{N+5}$，遍历分词词典判断字符串 $S_N S_{N+1} \cdots S_{N+5}$ 是否存在。若存在，则标注该音节，并将剩余部分继续进行切分。若不存在，则指针向后移动一个单位，取出字符串末尾的 $N-1$ 个字符 $S_{N+1} S_{N+2} \cdots S_{N+5}$，继续判断 $S_{N+1} S_{N+2} \cdots S_{N+5}$ 在分词词典中是否存在，依次类推，直至切分出第一个音节，再将剩余部分按照此方法继续切分。

（5）由后向前依次切分，直至最后一个音节，最后将切分的音节组合在一起存入数组。

切分结果的选择如下：

（1）若两者切分结果的音节数不同，则选择音节数少的切分结果。如正向切分结果为［ab/cd/efg］，逆向切分结果为［ab/cd/ef/g］，则以正向切分结果为准。

（2）若两者切分结果中存在单元音或单辅音为单独一个音节时，则以单辅音音节少或单元音音节少的切分结果为准。

（3）当单词中出现连续三个元音时，若切分结果存在两两组合的情况，按照后两个元音组合在一起进行切分。如［ai/a］和［a/ia］时，选择后者为最终结果。

（4）当"元音+n"或"辅音+元音+n"组成音节时，如果后一个音节的首字母为元音，则"n"与之后的元音组合，如［cin/ti/o/ni］；如果后一个音节首字母为辅音或"元音+n"、"辅音+元音+n"是最后一个音节，则保持不变，如［s/ta-/tion］。

地名专名音译汉字译写主要根据规则类地名专名音译知识图谱中的音译表，将地名专名音节切分结果依次映射到对应汉字，从而完成地名专名音译，如图3-10所示。

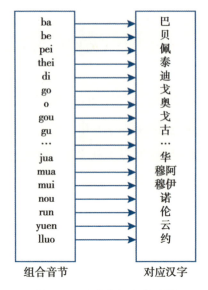

图 3-10 音节与汉字的映射

## 3.5 实验结果

### 3.5.1 实验数据

本章以阿根廷为实验区域，官方语言为西班牙语，数据来源于 OpenStreetMap 网站，地名数量为 86545 条，包含道路与铁路路网、建筑、水体、土地利用、兴趣点、行政区边界等类别，如图 3-11 所示。

### 3.5.2 评价指标

本章采用准确率、BLEU 值、ROUGE 三项指标对地名专名音译结果进行评价，其具体含义为：

(1)准确率：对所给实验数据而言，是指该算法被正确归类或者被正确计算出来的样本在整个样本中所占的比重。

(2)BLEU(bilingual evaluation understudy)：即双语互译质量评估辅助工具，

图 3-11　阿根廷地名数据空间分布示意图

用来评估机器翻译的质量。BLEU 的计算公式为：

$$\text{BLEU} = \text{BP} \cdot \exp\Big(\sum_{n=1}^{N} w_n \log p_n\Big)$$

其中，BP(brevity penalty)是惩罚因子，$\exp\Big(\sum_{n=1}^{N} w_n \log p_n\Big)$ 表示不同的 $n$ – gram 的 $p_n$ 的加权求和。

（3）ROUGE(recall-oriented understudy for gisting evaluation)：由召回率演变而来的指标，用于衡量模型生成摘要文本的质量。人工摘要即人工翻译，并经过专家组认定，人工摘要构成标准摘要集，计算机自动生成的构成自动摘要集，对比二者的重叠单元数量，并计算重叠单元在标准摘要集中的占比，来评定摘要的质量。

### 3.5.3 结果及分析

将实验数据中的专名分别采用百度翻译和基于知识图谱的西班牙语专名音译两种方法进行音译，其音译结果的评价指标值如表3-3所示。

表3-3 音译结果的评价指标

| 翻译方式 | 准确率 | BLEU | ROUGE |
|---|---|---|---|
| 百度翻译 | 40.3% | 37.3% | 38% |
| 基于知识图谱西班牙语音译 | 95.2% | 96.4% | 95.9% |

实验结果表明，百度翻译的准确率较低是因为百度翻译作为机器翻译工具翻译时以意译为主、音译为辅，没有针对地名专名音译进行优化。基于知识图谱西班牙语音译方法对存在现有音译结果进行保留，继续沿用，不存在音译结果的专名按照音译流程进行音节优化、音节切分进行汉字译写，译写结果规范准确。

表3-4为部分地名专名音译结果。专名 ibicuí 中"bi"按照特殊字母译写规定发"维"，百度翻译及双向最大匹配音译发"比"，不符合译写规定。leonardo da vinci 为整体翻译，百度翻译为达芬奇不准确，基于知识图谱西班牙语音译的翻译结果为莱昂纳多·达·芬奇，翻译结果科学合理。alemán 百度翻译为德语，该专名属于国家或首都名，在地名专名中应翻译为德国。字母 ll 在拉丁美洲发[j]音，西班牙本土发[λ]，地名专名音译时要根据实际地名来源进行音译，实验地名数据来自阿根廷，所以 capello 百度翻译不准确。

表3-4 地名专名音译结果(部分)

| 专名 | 百度翻译 | 基于知识图谱西班牙语音译翻译 |
|---|---|---|
| ibicuí | 伊比库伊 | 伊维库伊 |
| leonardo da vinci | 达芬奇 | 莱昂纳多·达·芬奇 |
| alemán | 德语 | 德国 |
| capello | 卡佩罗 | 卡佩约 |

续表

| 专名 | 百度翻译 | 基于知识图谱西班牙语音译翻译 |
|---|---|---|
| macueta | 马奎塔 | 马库埃塔 |
| piauí | 皮阿伊 | 皮奥伊 |
| leduizamo | 莱杜扎莫 | 莱杜伊萨莫 |
| leloar | 勒洛阿 | 莱洛阿尔 |
| alfosina | 阿福辛 | 阿尔福西纳 |
| palestina | 页：1 | 巴勒斯坦 |

# 第4章  基于深度学习的地名专名音译方法

## 4.1  引言

　　根据外语地名翻译标准和相应的语言知识，西班牙语等语种地名专名音译主要依据专名单词字母在音节划分后进行汉字译写，其过程不需要进行音标生成。然而，对于英语等地名专名则需要根据其音标进行音译。常用的英语单词可以通过辞典查询其音标，但是地名专名中存在着大量的词典中出现的英语单词（例如Tollamhui）。因此，本章针对此类地名专名，提出了基于深度学习的地名专名音译方法，并以英语为例介绍其具体流程。该方法首先结合英语单词音标发音等规则，利用长短时记忆网络来实现英语地名专名的音标生成，有效解决了未收录于词典中的英语地名单词的音标获取问题；然后，充分利用国标中提到的英语地名专名音译翻译规则等先验知识，进行地名单词音标优化和实例库优化，实现了英语地名专名音译结果的规范化；最后，利用双向最大匹配和互信息的消歧实现音节切分。

## 4.2  深度学习模型对比分析

　　目前，人工智能发展迅速并取得了一些突破。从2006年开始，机器学习、大数据、云计算等概念和方法都取得了巨大进步，这些进步离不开一种强大的算法，即深度学习。这种深度学习模型类似于以前的人工神经网络模型，二者主要区别在于隐藏层的数量。起初，人工神经网络模型只有一层，而深度学习模型的隐藏层有好几层甚至更多。从深度学习模型的结构来看，它可以看作一个具有多个隐藏层的多层感知器；从深度学习模型的工作原理来看，深度学习模型经历了从低级特征到高级特征的归纳过程。深度学习模型是利用多个隐藏层，一层一层地进一步总结下层的特点，然后转移到下一个隐藏层继续提取和总结高级特性，最后得到更准确的特征提取，从而更准确地逼近原始数据的实际特征。从这一点可以看出，深度学习模型比以前的人工神经网络模型更精确，这就是深度学习模型比浅层人工神经网络更精确的原因。

通过深度学习算法，人们找到了一种处理"抽象概念"的方法。深度学习作为机器学习的一个重要分支，在自然语言处理、语音识别、计算机视觉等领域得到了越来越广泛的应用，给人们的工作和生活带来了极大的便利。许多科技公司对深度学习的研究中投入了巨资，经费占公司运营成本的一半，并取得了显著成果。这表明，深度学习是科学界的"富矿"，通过深度学习，我们可以解决许多以前无法解决的问题。

## 4.2.1　卷积神经网络

卷积神经网络是可以通过改变它们的深度和广度来控制其容量的一类模型，并且它们对图像的性质(即统计的平稳性和像素依赖的局部性)做出了强有力的、正确的假设[85]。因此，与具有相似大小层的标准前馈神经网络相比，卷积神经网络连接数和所需的参数更少。网络的基本结构由输入层、卷积层(C)、降采样层(S)、全连接层(F)、输出层组成，卷积层和降采样层可以是多个。

基本的学习过程是[86]：图像通过输入层进入网络，然后与可学习核卷积。卷积的结果通过激励函数的作用作为卷积层的神经元输出，从而形成该层的特征图，并构成下一层的输入，每个神经元连接到前一层的局部感受。假设第 $z$ 卷积层的第 $j$ 个特征图表示为 $X_i^z$，则可表示为：

$$X_i^z = f\left[\sum_{i \in M_j}(X_i^{z-1} \times k_{i,j}^z) + b_i^z\right]$$

式中：$f(\ )$是激励函数；$M_j$是输入特性图的上一层的集合；$k_{i,j}^z$是可学习卷积核的权重；$b_i^z$是卷积特性图 $X_i^z$ 的唯一加法性偏置。

为了减少计算量，在获得图像的卷积特征后，还需要通过降采样层以降低卷积特征的维数。降采样层是对上一层特征图的局部平均和二次提取，这种操作不仅能减少数据量，而且可以保留有用信息，减少计算时间，降低网络输出对位移和变形的敏感度。假设第 $z$ 卷积层的第 $j$ 个特征图表示为 $Y_i^z$，则可表示为：

$$Y_i^z = f(\beta_i^z \mathrm{down}(Y_i^{z-1}) + b_i^z)$$

式中：$\mathrm{down}()$ 是一个降采样函数，$\beta_i^z$ 是特征图 $Y_i^z$ 的唯一乘性偏置；$b_i^z$ 是卷积特征图 $Y_i^z$ 的唯一加性偏置。通过卷积层和采样层的多重运算，采用梯度下降法，逐层反向调整网络中的权值和阈值参数，最后逐层提取信息，得到网络的最优解。

尽管卷积神经网络具有吸引人的特性，本地架构也相对有效，但它们在大规模应用于语言识别方面仍然昂贵得令人望而却步。幸运的是，当前的 GPU 与高度优化的二维卷积实现了相结合，增大了大型卷积神经网络的训练容量。

## 4.2.2 循环神经网络

循环神经网络（Recurrent Neural Network，RNN）是一种非常强大的处理和预测序列数据的神经网络，它克服了传统机器学习方法在输入和输出方面的局限性，是深度学习领域中一个非常重要的模型。已经成功地应用于各种任务，特别是用于处理存在一定时间相关性的数据时具有突出优势[87]。循环神经网络的工作原理如图 4-1 所示，方程式如下：

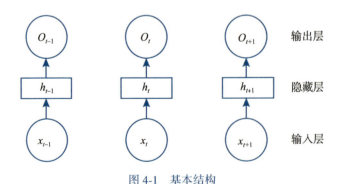

图 4-1　基本结构

$$h_t = \sigma(\boldsymbol{W}_{xh}x_t + \boldsymbol{W}_{hh}h_{t-1} + \boldsymbol{b}_h)$$

$$o_{t+1} = W_{hy}h_t + \boldsymbol{b}_y$$

$$y_t = \mathrm{softmax}(o_t)$$

式中：$W_{xh}$ 是从输入单元到隐藏单元的权重矩阵，$W_{hh}$ 是隐藏单元之间的连接权重矩阵，$W_{hy}$ 是从隐藏单元到输出单元的连接权重矩阵，$\boldsymbol{b}_y$ 和 $\boldsymbol{b}_h$ 是偏移向量。计算过程中所需的参数是共享的，因此理论上循环神经网络可以处理任意长度的序列数据。$h_t$ 的计算需要 $h_{t-1}$，$h_{t-1}$ 的计算需要 $h_{t-2}$，等等，所以循环神经网络中某个时刻的状态取决于过去所有的状态。循环神经网络可以将序列数据映射到序列数据输出，但输出序列的长度不一定与输入序列的长度相同。根据不同的任务需求，可以有多个对应关系。

循环神经网络体系结构的典型特征是循环连接，它使其具有基于过去状态和当前输入数据更新当前状态的能力。例如，完全循环神经网络[88]和选择性循环神经网络[89]都是由标准的复发细胞(例如 sigma 细胞)组成，在一些问题的解决上取得了很大成功。但大量的实践也表明，标准循环神经网络往往很难实现信息的长期保存，随着模型深度的不断增加，标准循环神经网络存在梯度消失和梯度爆炸的问题，因此循环神经网络并不能很好地处理长距离的依赖[90]。

### 4.2.3　长短时记忆网络

为了处理"长期依赖"，Hochreiter，Schmidhuber[91]等人提出了长短时记忆网络(long short-term memory，LSTM)的概念。LSTM 体系结构的应用可以解决一般的序列到序列问题，其思想是使用一个 LSTM 读取输入序列，一次读取一个时间步长，以获得大的固定维度向量表示，然后使用另一个 LSTM 从该向量提取输出序列，长短时记忆网络本质上是一个改进的循环神经网络[92][93]。

#### 1. 无遗忘门的 LSTM

只有输入和输出门的 LSTM 结构的数学表达式如下所示：

$$i_t = \sigma(W_{ih}h_{t-1} + W_{ix}x_t + b_i)$$

$$\tilde{c}_t = \tanh(W_{\tilde{c}h}h_{t-1} + W_{\tilde{c}x}x_t + b_{\tilde{c}})$$

$$c_t = c_{t-1} + i_t \cdot \tilde{c}_t$$

$$ot = \sigma\left(W_{oh}h_{t-1} + W_{ox}x_t\right) + b_o$$

$$h_t = o_t \cdot \tanh(c_t)$$

式中，$c_t$ 表示 LSTM 的细胞状态。$W_i$、$W_c$ 和 $W_o$ 是权重，运算符"·"表示两个向量的逐点乘法。当更新单元状态时，输入门可以决定哪些新信息可以存储在单元状态中，而输出门根据单元状态决定哪些信息可以输出。

### 2. 带遗忘门的 LSTM

Gers、Schmidhuber 等[94]在 2000 年通过在细胞中引入遗忘门修改了原始的 LSTM，遗忘门可以决定哪些信息将从单元状态中丢弃。当遗忘门的值 $f_t$ 为 1 时，它会保留此信息；同时，值为 0 时表示它会删除所有信息。Jozefowicz 等[95]发现，当增加遗忘门 $b_f$ 的偏差时，LSTM 网络的性能通常会变得更好。由于其强大的学习能力，LSTM 工作非常出色，并被广泛应用于各种任务，包括语音识别、声学建模、轨迹预测、句子嵌入和相关分析等。

RNN 是一种专门处理序列数据的神经网络，LSTM 和 GRU 是在 RNN 的基础上发展起来的变体，用于解决梯度消失问题，它能够保留很多时间步之前的信息，所以在大多数情况下，它比单纯的 RNN 网络表现要优异。卷积神经网络主要处理图像数据。因此，本章采用 LSTM 构建音标生成模型。

## 4.3 基于长短时记忆网络的音标生成方法

### 4.3.1 LSTM 模型基础结构

地名专名音标获取是在考虑前后元辅音情况的基础上建立单词字母与对应几种音标一一映射的过程。因此，本章基于长短时记忆网络建立单词字母与音标的映射关系，从而获取地名专名的音标，实现地名专名音译。长短时记忆网络是一种改进的循环神经网络，它可以克服 RNN 无法处理长程依赖的缺点。LSTM 可实现三个门计算：遗忘门（forget gate）、输入门（input gate）和输出门（output gate）。遗忘门负责决定从上一时刻到当前时刻的单元状态的多少；输入门负责决定当前时刻的单元状态的当前输入的多少；输出门负责确定当前时刻的单元状态的输出是多少。LSTM 的结构如图 4-2 所示，其中 $X_t$ 表示当前输入状态，$H_{t-1}$，$H_t$ 表示前一时刻和当前时刻的输出状态，$c_{t-1}$，$c_t$ 表示前一时刻的单元状态和当前时刻的单元状态。图 4-2 中 $H_t$ 的具体计算方法可用如下公式表示，其中 $W_t$、$W_i$、$W_c$、$W_o$、$b_f$、$b_i$、$b_c$ 和 $b_o$ 可以用 Adam 方法进行参数训练。

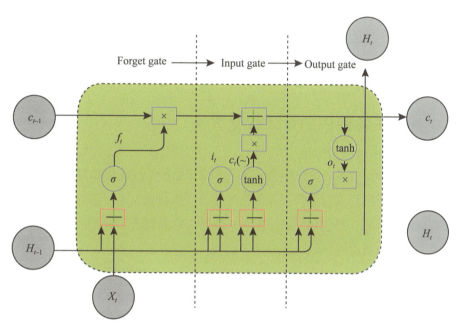

图 4-2　LSTM 结构示意图

$$f_t = \sigma ( W_t \times [ H_{t-1}, \ x_t ] + b_f )$$

$$i_t = \sigma ( W_i \times [ H_{t-1}, \ X_t ] + b_f )$$

$$\widetilde{c}_t = \tanh ( W_c \times [ H_{t-1}, \ X_t ] + b_c )$$

$$c_t = f_t * c_{t-1} + i_t \times \widetilde{c}_t$$

$$o_t = \sigma ( W_o \times [ H_{t-1}, \ X_t ] + b_o )$$

$$H_t = o_t \times \tanh ( c_t )$$

## 4.3.2　面向音标生成的 LSTM 模型构建

本文以长短期记忆网络为神经单元，实现地名专名单词音标的生成。具体实现过程如下：首先，将输入字符集 $E$ 定义为 26 个英文字母，并加上起始和结束符号<s>，</s>；输出字符集 $F$ 为 55 个音标字母，并加上起止符<s>，</s>，将其映射到 $d$ 维空间，初始化为实值向量 $v \in R^d$，构造向量矩阵；然后输入起始字符<s>和地名词，将地名词分割成单个字母，用向量矩阵转换成与字母对应的实值向量，输入到神经单元中。神经单元将前一时刻的单位状态进行组合，得到当前时刻的输出状态；在确定单词输入并得到结束字符</s>后，使用向量矩阵将实质向量转换成音标，使用 softmax 计算出现概率最大的音标，得到单词的第一个音标，并重复此过程，直到单词音标全部得到。

## 4.4 基于先验知识的音译优化方法

基于先验知识的音译优化包括基于前后缀规则的音译优化和基于音标规则的音译优化。基于前后缀规则的音译优化过程为：根据最大匹配原则判断专名单词中是否包含前后缀，若包含，则根据最长公共子序列算法获取专名单词中前后缀部分的音标与前后缀音标的最长公共子序列，若存在最长公共子序列，则将专名单词中剩余部分进行音译。专名单词的音译结果由两部分组合，若不包含前后缀，则专名单词的音译结果为单词音译结果。基于音标规则的音译优化过程为：根据双辅音、成音节、元音字母在词首和词尾的发音规则判断是否满足条件，然后对满足条件的音标进行相应改正，生成新的音标组合，不满足条件的音标直接跳出该优化环节，再进行下一步翻译。

### 4.4.1 基于前后缀规则的音译优化

#### 1. 基于最长公共子序列算法的前后缀识别

最长公共子序列算法是一种基础算法，其主要作用是找出两个序列中最长的公共子序列，该算法广泛地应用于图形相似处理、代码重复检测、数据挖掘、计算生物学和文献查重等方面。例如，生物学家常常利用该算法进行基因序列比对，由此推测序列的结构、功能和演化过程，通过对患者 DNA 和健康 DNA 进行比对，找出致病基因。

最长公共子序列（the longest common subsequence，LCS）是指：当给定包含序列个数大于等于两个的序列集合 Y 时，如果存在一个序列 A，是给定序列集合 Y 中任意一个序列的公共子序列，同时存在序列 B，也是集合 Y 中任意一个序列的公共子序列。如果序列 A 的长度是集合 Y 中所有公共子序列中最长的，那么称序列 A 是序列集合 Y 中所有序列的最长公共子序列。例如 Y=（A=BRITHDAY，B=BRITHDAD，C=BRITDAENT），存在序列 M=BRIT、N=DA……均属于集合 Y 中 A、B、C 的公共子序列，M 是所有公共子序列中最长的，那么序列 M 就是集合 Y 中所有序列的 LCS，LCS 不一定是唯一的，但是长度是一定的。

采用动态规划法求解 LCS 可以用递推方程来计算。例如，求序列 $X=\{x_1, x_2, \cdots, x_i\}$ 和序列 $Y=\{y_1, y_2, \cdots, y_j\}$ 的最长公共子序列，将按照以下方式进行递推：当 $x_m=y_n$ 时（$1<=m<=i$，$1<=n<=j$），则 $x_1, \cdots, x_{m-1}$ 和 $y_1, \cdots, y_{n-1}$ 的最长公共子序列加上 $x_m=y_n$ 就是 X 与 Y 序列的一个公共子序列。当 $x_m$ 不等于 $y_n$ 时，一是找出 $x_1, \cdots, x_{m-1}$ 和 Y 的一个公共子序列，二是找出 X 与 $y_1\cdots y_{n-1}$ 的一个公共子序列，比较两个子序列的较长序列为 X 与 Y 的最长公共子序列。引入 $c[i, j]$ 记录 $x_i=\{x_1, x_2, \cdots, x_i\}$ 和 $y_j=\{y_1, y_2, \cdots, y_j\}$ 的长度，递推关系如下：

$$0 \qquad\qquad\qquad i=0, j=0$$
$$c[i-1][j-1]+1 \qquad\qquad i, j>0; x_i \text{不等于} y_j$$
$$\max\{c[i][j-1], c[i-1][j]\} \qquad i, j>0; x_i \text{不等于} y_j$$

基于最长公共子序列算法的前后缀识别的伪代码如表 4-1 所示。

| 表 4-1 | 算 法 思 路 |
|---|---|

| 算法：基于最长公共子序列算法的前后缀识别 |
|---|
| 1. 将"前缀库"和"后缀库"中的三个字段分别存储为 Map 数据结构，map 的 key 值为前后缀，value 值为前后缀的音标和固定译名组合 |
| 2. 判断地名单词 word 是否包含前后缀 fix，word. startsWith(fix)、word. endWith(fix)，返回值为 true，则求取 word 的音标与 fix 的音标的 LCS，返回值为 false，则退出环节 |

## 2. 基于前后缀规则的音译优化

在英语地名中，由于地名单词中部分字母组合已存在特定译写结果，故译写这类地名专名时，要依据《外语地名汉字译写导则》（GB/T 17693）应用手册中英语地名常用构词成分译写表进行译写，其中常用构词成分可分为前缀、后缀两类。基于前后缀规则的音译优化算法（如图 4-3 所示）的技术流程如下：

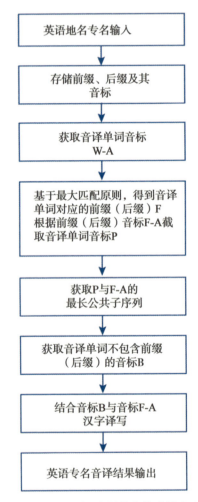

图 4-3　前后缀规则的音译优化算法技术流程图

（1）首先基于最大匹配原则获取音译单词的前后缀 F。

（2）获取单词音标 W-A 与前后缀音标 F-A 之间的最长公共子序列 S，若 S 存在，则获取 W-A 去除 S 之后的部分音标 P，根据音译表得到 P 汉字译写结果，并与前后缀汉字译写 C 结合，获取音译单词的最终汉字译写结果，若 S 不存在则直接按照音译表获取最终汉字译写结果。

举例说明：英语地名："Faulconbridge Public School"，音译单词 W："Faulconbridge"，基于最大匹配原则判断构词成分 F 为"-bridge"，地名音译单词音标 W-A："fɔ:lkənbridʒ"，构词成分音标 F-A："- bridʒ"，基于最长公共子序列算法求取 W-A 与 F-A 的最长公共子序列 S 为"bridʒ"，部分音标 P 为"fɔ:lkən"，部分音标 P 汉字译写为福尔肯，构词成分汉字译写 C 为布里奇，地名音译单词 W："Faulconbridge"的译写结果为"福尔肯布里奇"。

## 4.4.2　基于音标规则的音译优化

导则中对部分字母及读音译写给出相关规定（见表 4-2），基于音标规则的音译优化算法主要识别单词音标中存在的音标规则，然后从音标规则元组中获取音标翻译结果，从而获取音译单词汉字译写结果。

表 4-2　　　　　　　　　　　音译规则表（部分）

| 字母 | 音标 | 位置 | 译写 |
|------|------|------|------|
| a | [ə] | 词首、词尾 | [ɑ:]行译写 |
| e | [ə] | 词首 | [e]行译写 |
| ia、ya | | 词尾 | [i]行汉字+"亚"译写 |
| s | [s]、[z] | | [s]行译写 |

举例说明：英语地名："Goona Creek"，音译单词 W："Goona"，音译单词音标 W-A："gu:nə"，字母 a 位于词尾且发音为[ə]时，按音译表[ɑ:]行汉字译写，故音标可修改为"gu:nɑ:"，地名音译单词 W："Goona"的译写结果为"古纳"。

## 4.5　实验结果

### 4.5.1　实验数据

本文采用从免费的全球地理数据库 GeoNames 上下载的澳大利亚地名数据作为实验数据，共 72 500 条，如图 4-4 所示。按 GeoNames 官方网站给出的地名类别分类标准，可将澳大利亚地名分为 10 类，分别为行政区划，建筑物，公路、铁路等道路，附属设施，人工密集地，山川，水系等。观察实际地名数据，可发现地名数据中符合传统地名含义的大部分地名聚集在山川、水系、行政区划中，剩余部分并不是传统意义上的地名，主要是类似于兴趣点地名（point of interesting，POI）。

图 4-4　澳大利亚实验地名数据空间分布示意图

此外，对于实验中的基于长短时记忆网络的音标生成实验训练数据来源于开源英式英文词典。将语料按照 70∶20∶10 的比例对训练集、验证集、测试集进行划分。双向最大匹配算法的词典来源于标准手册中英汉音译表中横向、纵向的元辅音标及其音节组合的、存储的是正向和逆向两个方向的音节组合，并留出了

200 条音标进行人为音节切分，作为测试集。

### 4.5.2　实验结果及分析

本书实验比较主要分为两大方面：一是本文三种方法各自结果比较，二是基于深度学习与先验知识结合的英语地名专名音译技术与百度翻译，仅考虑深度学习获取音标翻译结果三种翻译方法的比较。

(1)基于长短时记忆网络的音标生成方法：

音标生成方法由于模型网络的结构会直接影响到模型效果，本书对三组不同结构的网络模型进行了实验：模型 1 包含 2 个隐藏层，每个隐藏层 64 个单元；模型 2 包含 1 个隐藏层，每个隐藏层 64 个单元；模型 3 包含 1 个隐藏层，每个隐藏层 128 个单元。由于音标生成结果很难做到严格意义上的准确，本书通过准确率、BLEU 和 ROUGE 对模型进行评价，如表 4-3 所示。

表 4-3 模型表现对照表

| 音标生成模型结构 | 准确率 | BLEU | ROUGE |
|---|---|---|---|
| 音标生成模型 1 | 82.4% | 92.7% | 96.5% |
| 音标生成模型 2 | 79.2% | 91.8% | 95.3% |
| 音标生成模型 3 | 65.4% | 84.6% | 91.3% |

(2)基于先验知识的音译优化方法：

在基于先验知识的音译优化实验中主要进行仅考虑深度学习获取音标翻译结果(不考虑前后缀优化、音标优化、实例库优化的音译结果)与基于先验知识的音译优化的音译结果的对比。以 200 条地名专名为例进行比较，基于先验知识的音译优化方法的准确率为 94.3%。

(3)基于双向最大匹配的音节切分方法：

本书将来源于标准手册中英汉音译表中横向、纵向的元辅音标及其音节组合，以及正向和逆向两个方向的音节组合的语料词典，存储于 SQLite 数据库中，可节约程序检索开销。并且与预留的人工音节切分的 200 条音标进行比较，其音节切分准确率为 95.6%。

(4)百度翻译结果、仅考虑深度学习获取音标翻译结果和基于先验知识的音译优化翻译结果的对比。

实验数据经地名预处理，选取 1000 条地名专名作为测试数据，进行英语地名专名音译。

另外，将百度翻译结果、仅考虑深度学习获取音标翻译结果和基于先验知识的音译优化翻译结果进行对比，对比结果示例如表 4-4 所示。另外三种方法也利用准确率、BLEU、ROUGE 对模型进行评价，对比结果如表 4-5 所示。

表4-4 翻译结果对照表(部分)

| 专名 | 百度翻译结果 | 仅考虑深度学习获取音标翻译结果 | 基于先验知识的音译优化翻译结果 |
|---|---|---|---|
| Jingalup | 京加禄 | 金格拉普 | 金格拉普 |
| Carmore | 卡莫尔 | 卡莫 | 卡莫尔 |
| Trigoona | 三角 | 特里贡厄 | 特里古纳 |
| Lamborbey | 兰博比 | 拉姆伯比 | 兰伯比 |
| Rhudanan | 罗丹南 | 鲁德厄南 | 鲁德南 |
| Pioneer | 先锋 | 派厄尼 | 派厄尼尔 |
| Medusa | 水母 | 米杜瑟 | 米杜萨 |

表4-5 评价指标对照表

| 翻译方式 | 准确率 | BLEU | ROUGE |
|---|---|---|---|
| 百度翻译 | 20% | 15.6% | 30.7% |
| 深度学习翻译 | 83.2% | 89% | 95.8% |
| 音标优化翻译 | 94.3% | 95.57% | 97.6% |

对表 4-3 结果进行分析，可以发现本书基于深度学习与先验知识结合的英语地名音译方法的结果更准确，且翻译结果更加规范。具体分析示例如表 4-6 所示。

90

表 4-6　　　　　　　　　　　　　三种音译结果分析示例

| 专名 | 专 名 结 构 | 百度翻译结果 | 仅考虑深度学习获取音标翻译结果 | 基于先验知识的音译优化翻译结果 |
|---|---|---|---|---|
| Carmore | -more 作为后缀应翻译为莫尔 | 卡莫尔 | 卡莫 | 卡莫尔 |
| Trigoona | 字母 a 在词尾发[ə]按[ɑ:]行译写 | 三角 | 特里贡厄 | 特里古纳 |
| Lamborbey | M 在 b、p 前按[n]行译写，但当 m 后面的 b 不发音时按[m]行译写 | 兰博比 | 拉姆伯比 | 兰伯比 |

# 第 5 章　顾及音译意译的地名机器翻译方法

## 5.1　引言

"专名音译，通名意译"是地名翻译相对于其他翻译领域的主要特征，是地名能否正确译写的关键，若不对通名专名进行区分，则直接导致音译意译部分混乱，进而导致整条结果翻译错误。现有地名通用翻译方法是以意译为主，不进行地名的通名、专名区分，无法满足地名翻译要求；而人工翻译受翻译者知识水平、主观判断等因素影响，往往对于同类地名的音译与意译处理结果不同，影响了整体翻译效果。因此，针对上述问题，本章提出了一种顾及音译意译的地名翻译方法，在分析地名结构特点的基础上，构建通名模式，结合地名类型等信息对地名结构进行分析，实现地名通名、专名的区分，并分别进行意译与音译，从而完成地名翻译。

## 5.2　基于点互信息的地名翻译模式提取方法

### 5.2.1　地名翻译模式

根据导则，地名翻译需要考虑三类要素：专名、通名以及辅助词汇。其中，辅助词汇包括冠词、数词、连词等，不同语言其辅助词汇也不尽相同，但是专名与通名是所有语种地名的固定组成要素。地名翻译过程可以视为将源语言地名到目标语种的映射。因此，地名翻译通用模式可以采用以下公式表达：

$$F: x(X, \ S, \ R) \rightarrow y(CX, \ CS, \ CR)$$

式中，$X$ 表示源语言通名，$S$ 表示专名，$R$ 表示辅助词汇；目标语言的通名用 $CX$ 表示，专名用 $CS$ 表示，冠词用 $CR$ 表示等。

由于地名通名是代表地名地理实体类别的词汇，而专名则是用于区别地理实体个体的词汇。因此，在实际地名中，不同语种地名通名词汇与辅助词汇虽然不同但数量有限，而专名词汇数量理论是无穷的。针对上述特点，特定语种地名翻译模式重点表述，源语言固定通名词汇与不固定专名间词序关系与目标语言地名映射关系，具体如下：

$$F: x([X], \ SW, \ RW) \rightarrow y([CX], \ CSW, \ CRW)$$

式中，$x([X], \ SW, \ RW)$ 表示源语言地名模式，$[X]$ 代表源语言专名通配符，$SW$ 为源语言通名词汇，$RW$ 为源语言辅助词汇；$y(CX, \ CSW, \ CRW)$ 表示目标语言地名模式，$[CX]$ 表示目标语言专名通配符，$SW$ 为目标语言通名词汇，$RW$ 为目标语言辅助词汇。以下为英语地名翻译的一种模式：

$$[X] \text{ railway station} \rightarrow [CX] \text{火车站}$$

$$[X] \text{ and } [X] \rightarrow [X]\text{-}[X]$$

$$\text{river } [X] \rightarrow [X] \text{河}$$

## 5.2.2　基于点互信息的地名翻译模式训练方法

互信息(mutual information，MI)，又称转移信息(trans-information)，是信息论里一种描述变量间相互依赖性的度量。两个离散随机变量 $X$ 和 $Y$ 的互信息通常定义为：$MI(X; \ Y) = \sum_{x \in X} \sum_{y \in Y} p(x, \ y) \log_2 \dfrac{p(x, \ y)}{p(x)p(y)}$，其中 $p(x, \ y)$ 是 $X$ 和 $Y$ 的联合概率分布函数，而 $p(x)$ 和 $p(y)$ 分别是 $X$ 和 $Y$ 的边缘概率分布函数。直观上，互信息度量 $X$ 和 $Y$ 共享的信息，或者说它度量这两个变量其中一个，对于另一个不确定性减少的程度。点互信息(pointwise mutual information，PMI)是指在独立性假设下，在给定联合分布与边缘分布时，一种度量两个随机事件同时发生的概率，也可以理解为描述随机事件间相互依赖性的度量，相比互信息其更侧重于单个概率事件。其表达式定义为：$\text{PMI}(x; \ y) = \log_2 \dfrac{p(x, \ y)}{p(x)p(y)}$，从表达式来看互信息是点互信息的期望。在计算语言学中，点互信息用于寻找与发现词语之间的搭配和联系。通常将统计词的出现概率和共现概率作为边缘分布 $p(x)$，$p(y)$ 与联合分布 $p(x, y)$ 的近似。良好的词语搭配/关联具有高的 PMI，因为共现的概率仅略低于每个词的出现概率。相反，因为各自出现概率远高于其共现概率时，毫无关联的词对则获得小的 PMI。

根据上节地名翻译模式特点，本章提出了基于点互信息的地名通名模式提取方法，利用点互信息来衡量通名专名间的搭配关系，实现从大规模语言中自动训练出特定语种地名翻译模式。该方法主要包括数据预处理、地名有向无环图构建以及通名模式提取等步骤，如图 5-1 所示。

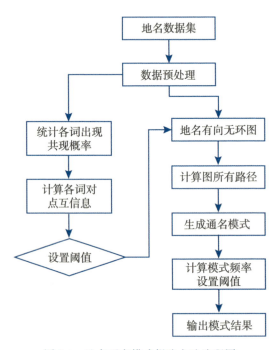

图 5-1　地名通名模式提取方法流程图

(1)数据预处理：主要为消除地名中词语大小写、复数、形态、时态等因素对地名模式提取影响，对地名中词语进行规范化操作，主要内容包括统一小写、词形还原等。其中，词形还原是指把一个任意形式的语言词汇还原为一般形式，例如将"drove"还原为"drive"，将"driving"还原为"drive"。

（2）地名有向无环图构建：从地名语料中，以每条地名为单位，分别统计构成地名的词的出现频率（即 $P_a$ 或 $P_b$）与词与词之间的共现频率（即 $P_{ab}$）。在统计完成后，对于任意的有序词对 $a$，$b$ 计算其点互信息 $PMI_{ab} = \dfrac{P_{ab}}{P_a P_b}$，设定合适阈值组 $T$ 后，记录 $P_{ab} > T_1$ 且 $MI_{ab} > T_2$ 的有序词对 $(a, b)$ 到集合 $G$ 中。依据上述统计频率遍历所有句子，地名中每个词对应图中一个节点，对于地名中每个有序词对 $(a, b)$ 若 $(a, b) \in G$，那么就给图上添加一条"a-->b"有向边，形成地名有向无环图。

（3）翻译模式提取与筛选：针对地名有向无环图中的每条路径，提取其起始节点所对应的词汇，并将该词汇前面词汇的位置用占位符表示，生成候选地名通名模式；将提取的所有候选地名模式按照出现的频次进行排序，按照合适的阈值选择地名通名模式，如图 5-2 所示。

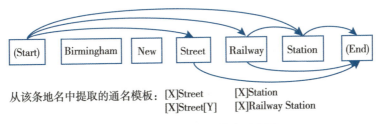

图 5-2　提取地名通名模式示意图

（4）目标语言翻译映射：将该源语言模式映射到源语言地名模式。

## 5.3　基于地名翻译模式的地名翻译方法

### 5.3.1　技术思路

基于上节提取的地名翻译模式，地名翻译方法流程主要分为：地名结构分析，地名通名、专名区分，地名翻译三个步骤，如图 5-3 所示。

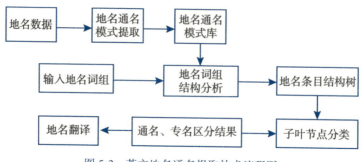

图 5-3　英文地名通名提取技术流程图

（1）地名结构分析：对于待翻译地名，依据所提取的地名模式进行地名结构分解，生成地名结构树。

（2）地名通名、专名区分：基于地名结构树，通过结构分解假设，将非子叶节点所代表的词视为通名地名词，将子叶节点所代表的词视为候选地名专名。从而对于地名短语结构树的子叶节点对应的词，通过分类的方式来完成地名通名、专名识别。

（3）地名翻译：根据特定语种地名翻译模式，将源语言地名直接映射到目标语言。

### 5.3.2　地名结构分析

为了实现对地名结构的分析，借鉴句法分析"投射性（projective）假设"。本书对地名提出如下假设：

（1）地名是由若干个地名通名模式构成，这些通名模式互不交叉。

（2）地名模式的占位符部分也是一个地名通名模式。

（3）每个单独的词可以看成是一个特殊的地名通名模式。

基于以上假设，本书提出了地名层次结构分解算法，基本思路为：首先，从通名模式中寻找出一系列完整且不交叉覆盖地名的模式，以树状结构表示；然后，依据通名模式的概率对数之和选择其中最优的模式。具体流程如下：

（1）扫描地名条目中所有符合以上假设的（即"合法的"）地名层次结构分解方案，该步具体流程如表 5-1 所示。

表 5-1　　　　　　　　　　　　　　　地名层次结构扫描算法

| 算法 1：地名层次结构扫描算法 |
| --- |

输入：待扫描的地名 $G$、模式集合 $P$

输出：所有合法的地名层次结构分解方案 $S$

```
Function GHSS(G as list<str>，P as trie-dict<str，dict>)：
    for word in G：
        if word in P.keys()：
            GHSS(G[1:]，P[word])
            record structure
        if word regard as placeholder
            GHSS(G[1:]，P[placeholder])
            record structure
    return structure
```

（2）对于每种分解方案计算其对数频率，即计算分解方案中所有通名模式概率对数之和。

（3）将对数频率最大的分解方案作为最终结果。

本章对英语地名"Isle of west burrafirth"进行讲解。

首先，对于地名"Isle of west burrafirth"进行层次结构分解，可有三种分解方案，分别以树状结构表示，如图 5-4 所示。

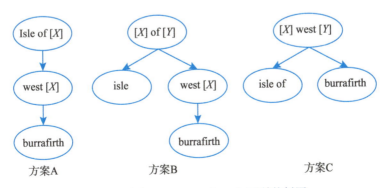

图 5-4　地名"Isle of west burrafirth"结构树图

其次，分别计算三种分解方案对数频率，具体如下：

方案 A：由两个通名模式（Isle of［X］、west［X］）和一个单独的词（burrafirth）组成，其通名模式的对数频率为-7.37185、-5.05360。单独的词对数频率采用一个人为给定的先验值，本文为-11.00944（即假设单独的词频数为 0.5 算出的对数频率）。则该方案的对数频率和为：

$$-7.37185+(-5.05360)+(-11.00944)= -23.43489$$

方案 B：由两个通名模式（［X］of［Y］、west［X］）和两个单独的词（isle, burrafirth）组成，其通名模式的对数频率为-5.31908、-5.05360。则该方案的对数频率和为：

$$- 5.31908+(-5.05360)+2×(-11.00944)= -32.39156$$

方案 C：由一个通名模式（［X］ west［Y］）和三个单独的词（isle, of, burrafirth）组成，其通名模式的对数频率为-6.36505。则该方案的对数频率和为：

$$-6.36505+3×(-11.00944)= -39.39337$$

最后，由于方案 A 对数频数和最大，将该方案作为最终的地名结构分析结果。

### 5.3.3 通名与专名的区分

根据上一小节地名结构分析结果，我们可以发现结构树的非子叶节点部分都为通名，叶子部分一般为单个词汇，需要进行单独判断。因此，本节将通名与专名区分转化为对叶子节点的词汇分类，具体流程为：

**1. 单词特征向量构建**

本章构建词特征向量时选择了词频、基于多元文法的上下文词频、词性、基于多元文法的上下文词性等特征。为避免维数灾难和标量单位带来的影响，对原始串联的特征向量进行降维、标准化等处理，得到最后的单词特征向量。

**2. 分类算法**

考虑到上一步构建的词特征向量不一定对于通名、专名区分能体现出线性可分的特性，并且缺少通名专名的标注语料，无法使用有监督分类进行判断。本文并没有采用传统线性二分类方法（如 SVM，逻辑回归等模型），而是采用聚类算法对词特征向量进行聚类，并通过聚类模型（如 K-means++等）对人工标注部分向量进行分类来得到聚类中簇的类别，从而达到分类效果。进一步地对聚类结果进行精度评价。评价指标为

$$Accuracy = \frac{\sum (|\ 0.5 - \frac{Generalname\_num}{size\_of\_clustr}| + 0.5) * size\_of\_clustr}{\sum size\_of\_clustr}$$

式中，Generalname_num 代表某个簇中通名的数量，size_of_clustr 代表标记的地名有多少条分到该簇。即对于聚类的每个簇，根据标注样本在该簇占的比率决定该簇代表的类型和精度。例如，对于簇 $k_i$，在 400 条标记样本中，有 16 条通名样本和 4 条专名样本分到该簇；则该簇为通名簇，分类精度为 80%。则对于整个聚类模型的精度评价可以实现每一个簇的加权平均。

### 3. 局部搜索

局部搜索是解决最优化问题的一种启发式算法。对于某些计算起来非常复杂的最优化问题，比如各种 NP 完全问题，要找到最优解需要的时间随问题规模呈指数增长，因此诞生了各种启发式算法来退而求其次寻找次优解，是一种近似算法（approximate algorithms），以时间换精度的思想。局部搜索就是其中的一种方法。

在原始单词特征向量 *F* 上乘以权重向量 *W*。将 *W* 与 *K* 视为超参数 *HP*，通过评价指标进行指导，以局部搜索中爬山法的思路来调整参数：即随机选择超参数的一个 $HP_i$ 将其增加/减少一个随机的值。若修正后的超参数使得模型精度提高，则保留该超参数分量的修改与变化趋势，若修正后的超参数使得模型精度降低，则撤销该超参数分量的修改并反转变化趋势。经过局部搜索，将效果最好的一个分类器保留。

### 4. 集成学习

集成学习，有时也被称为多任务分类器。通过构建并合并多个个体学习器（又称基学习器）来完成学习任务，个体学习器一般由一个现有的学习算法从训练

数据中产生。集成学习通过合并基分类器通常可获得比单一学习器显著优越的泛化性能。从理论上来说，使用弱分类器集成足以取得良好性能，但从实际出发人们往往使用强分类器作为基分类器。对于本节算法，在局部搜索中，若保留前 $N$ 个效果最好的分类器，则可以得到若干个效果可以接受的分类器。将这些分类器视为基分类器，则可以利用集成学习中 Bagging（基分类器不要求有强联系）的思想将基分类器进行堆叠，可以得到一个效果更加良好的分类器。

### 5.3.4 地名翻译

根据上述源语言地名结构树，我们可以将翻译过程视为源地名结构树自顶向下根据翻译模式依次映射成目标语言地名的过程。以下以英语地名"Isle of west burrafirth"为例来介绍地名翻译过程。

该地名结构树如图 5-5 所示，其嵌套意译翻译过程为：

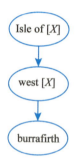

图 5-5 "Isle of west burrafirth"地名短语结构树

（1）Isle of［west burrafirth］→［west burrafirth］岛，其中的通名根据地名通名库（地名通名字典）进行意译，具体构建方法见下一章。

（2）［west［burrafirth］］岛 →［西［burrafirth］］岛，其中专名的音译采用第 3 章、第 4 章的方法。

（2）［西［burrafirth］］岛 →［西［巴勒弗斯］］岛。

（3）［西［巴勒弗斯］］岛 →西巴勒弗斯岛。

（4）最后意译结果为西巴勒弗斯岛，完成翻译。

## 5.4　实验结果

### 5.4.1　实验数据

本书采用在免费的全球地理数据库 GeoNames 上下载的英国地名数据作为实验数据，共 62879 条，如图 5-6 所示，包括行政区划、建筑物、公路铁路等道路、附属设施、人工密集地、山川、水系等类别。

图 5-6　英国实验地名数据空间分布示意图

### 5.4.2　实验结果及分析

**1. 基于互信息的地名通名模式提取实验结果**

在实验中，共统计 29686 个单词、共 131026 次词频；72565 组词对，共 116217 次词对频数；根据以上统计计算 72565 组词对的点互信息。计算的词频、词对频率和点互信息的概率累计分布如图5-7所示。其中词频(红色)、词对频率(绿色)对应下方坐标轴,其取值范围约为$(8.60\times10^{-6}, 0.025)$;点互信息(蓝色)对应上方坐标轴,其取值范围约为$(-4, 12)$。其词对频率和点互信息的散点图如图5-8所示,显然最下方的平行线代表其词对频数为1,2,3…的词对。

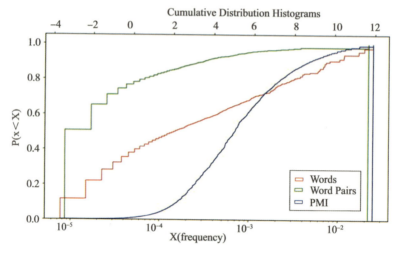

图 5-7 词频、词对频率与点互信息概率累计分布图

根据图5-8中信息,可以合理地选取联合分布(词对频率)与点互信息的阈值。联合分布阈值选取为$5\times10^{-5}$,即将频数为1、2、3、4的词对舍去;点互

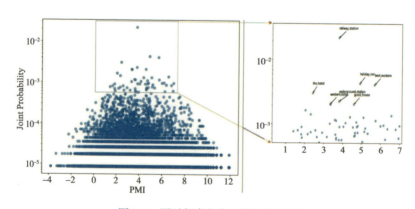

图 5-8 词对频率与点互信息散点图

信息阈值为 3.1，取前 80% 的点互信息值的词对。同理，通过概率累计分布图对计算构造获得的模式设置阈值为 10，共得到 576 个地名通名模式，见表 5-2。

表 5-2　　　　　　　　　地名通名模式提取结果（部分）

| 地名通名模式 | 频数 |
|---|---|
| [X] railway station | 2059 |
| [X] castle | 988 |
| [X] bay | 717 |
| [X] and [Y] | 510 |
| loch [X] | 452 |
| [X] hospital | 357 |
| river [X] | 399 |
| [X] ness | 165 |
| [X] guest house | 153 |
| [X] of [Y] | 148 |
| glen [X] | 143 |
| saint [X] | 86 |
| [X] motte | 124 |
| lower [X] | 75 |
| upper [X] | 71 |
| st [X] roman catholic church | 68 |
| [X] oil field | 65 |
| [X] in the [Y] | 48 |
| [X] lake | 39 |
| [X] war memorial hospital | 16 |
| our lady [X] church | 14 |

## 2. 地名翻译实验结果

利用上一节设定的超参数(即阈值)进行地名层次结构分解;共分解 4219 条长度为 3 以上的地名,平均地名模式结构树深度为 1.8,平均分解模式个数为 2.7。其中人工随机抽样 100 条分解的模式,通过人工评价是否分解合理。其结果为"是",可接受率为 93%。同时,本文对不同超参数进行了讨论,模式生成对于点互信息阈值最为敏感。当点互信息大于一定值时,则有许多模式无法提取;典型地说,当点互信息阈值大于 4 时,则无法有效提取"[X] railway station"这一模式,而是会显示为"[X] railway [Y]";当点互信息阈值小于 2.5 时,则"[X] railway station"将会拆为多个"[X] road railway station","[X] central railway station","[X] park railway station"模式。显然,这些模式是不足以良好地反映地名构成规律。

对于地名层次结构分解算法,其中不合理的部分主要是由于嵌套歧义造成的,比如对于地名"Monastery of Saint Nicolas of the Cats",其可接受的地名结构树有两种(见图 5-9)。这两种结构树其对数频率之和相差不大,针对这种情况需要后续使用规则或者其他额外信息加以辅助判断。对于地名通名、专名区分算法,单词特征向量的构建直接影响算法的精确度。虽然本文用加权与爬山法对单词特征向量进行修正,但效果有限。针对这种情况在后续研究中应当寻找更为合适的特征工程来构建向量或者加大标注的数据集来进行有监督分类训练。

利用上述技术,对 6 万条英语地名进行翻译。对于翻译结果随机抽取了 6 千条地名进行人工翻译,得到翻译结果正确为 84.5%,并与百度翻译进行了比较,部分翻译结果如表 5-3 所示。从翻译结果可以看出,本方法比较好地遵守了"专名音译,通名意译"的原则,而以百度翻译为代表的通用翻译系统,侧重于意译,没有分开考虑地名中音译、意译的情况。

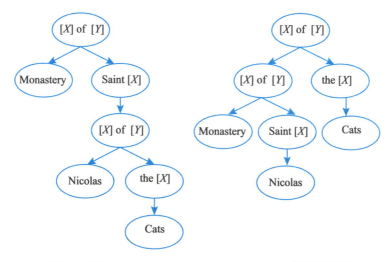

图 5-9　地名 Monastery of Saint Nicolas of the Cats 的结构树图

表 5-3　　　　　　　　　　　　英语地名翻译结果（部分）

| 英语地名 | 翻译结果 | 人工判读结果 | 百度翻译结果 |
| --- | --- | --- | --- |
| Fastigata Creek | 法斯蒂加塔河 | 无误 | Fastigata 溪 |
| Doughboy Creek | 多博伊河 | 无误 | Doughboy 溪 |
| Croston Creek | 克罗斯顿河 | 无误 | 克罗斯顿溪 |
| Breakfast Creek | 布雷克法斯特河 | 无误 | 早餐溪 |
| Bendora Creek | 本多拉河 | 无误 | 本多拉溪 |
| Ashbrook Creek | 阿什布鲁克河 | 无误 | 阿什布鲁克溪 |
| Shanahans Falls Creek | 尚厄汉兹福尔兹河 | 沙纳汉斯福尔兹河（已有约定用法） | 沙纳汉瀑布溪 |
| New Station Creek | 新斯泰申河 | 无误 | 新站溪 |
| Mc Keahnie Creek | 埃姆西基尼河 | 麦克凯尼河（已有约定用法） | Mc Keahnie 溪 |
| Left Hand Creek | 莱夫特汉德河 | 无误 | 左手溪 |
| Gooromon Ponds Creek | 格勒芒庞德河 | 无误 | 古洛蒙池塘溪 |
| Bulls Flat Creek | 布尔斯弗拉特河 | 无误 | 公牛滩溪 |

续表

| 英语地名 | 翻译结果 | 人工判读结果 | 百度翻译结果 |
|---|---|---|---|
| Uriarra Creek(South Arm) | 耶里阿勒河(南湾) | 乌里亚拉河(南湾) | 乌里亚拉溪(南岸) |
| Reid Creek | 里德河 | 无误 | 里德溪 |
| Piney Creek | 皮内河 | 无误 | 皮内克里克 |

# 第6章 基于语法特征的地名通名自动发现

## 6.1 引言

在第 5 章的地名机器翻译方法中，地名通名翻译是其中的核心环节。虽然每类语种地名通名词汇量数量有限，然而，以手动方式构建通名库(地名通名翻译字典)十分费时费力。现有出版的通名翻译辞典，例如《世界地名常用词翻译手册》，虽然涵盖了主要语种，但是每类语种所包含通名数量十分有限，无法满足大规模地名机器翻译的要求。我们注意到由于通名在地名中起到地理实体类别区分的作用，存在特定语法特征。因此，本章基于大规模地名语料，利用统计学习的方法进行通名自动发现，并构建通名库，为地名机器翻译提供支撑。

## 6.2 地名通名基本语法特征

通过对 geonames 网站、google 和 Gaz 等大量开源的地名语料库的分析，发现地名通名存在以下通用语法特征：

### 1. 地名通名词汇的词频较高

通名会在地名语料中反复出现，例如，英语词汇 river、hill、school、public school 等，但地名专名较少重复出现。这一特点是地名通名和专名的语义作用在语法层面的具体表现，因为地名通名是表征地名的类别，地理实体的类别是一个有限的集合，相同类别的地理实体会有很多，而地名专名是具体某个地理实体的标识，它将某个地理实体与同类的其他地理实体区分开。因此，地名专名往往是特指某个，不会重复出现或重复出现次数较少，而地名通名则往往相反。

**2. 地名通名存在与实体类别强相关**

地名通名词汇与地名所指代地理实体的类别（简称"地名类别"）存在强烈的相关性，一般只在特定类别中大量出现，如 river 只会出现在水系"地名类别"中，即使它在别的类别中出现，也只能作为地名专名处理。因此，无论是进行未登录通名的发现，还是进行地名的翻译，都应当考虑地名的类别，如果通名的含义地名类别不符，通名就应作为专名化的通名处理，进行音译。

**3. 地名通名词形多样**

地名通名不仅仅以单个词汇的形式出现，如 hill、river、creek 等，也有名词短语的形式，如由 school 衍生出的通名短语 high school、public school、primary school、girl public school 等；club 衍生出的通名 soccer club、golf club 等。

除了上述地名通名通用语法特征外，特定语种通名也存在着不同语法特征。例如，西班牙语地名通名通常出现在地名的词首位置，而英语地名通名大概率出现在词尾，与中文相同。西班牙语地名 Acceso a Colonia Paraíso 中的 Acceso（入口）、Aeródromo de Curuzú Cuatiá 中的 Aeródromo（机场）、Escuela de Aviación Militar 中的 Escuela（学校）、Terminal de Ómnibus Pomán 中的 Terminal de Ómnibus（公交车站）都出现在词首，且通常以前置词与专名隔开。

# 6.3 基于前缀树的地名通名单词发现

## 6.3.1 前缀树基本概念

前缀树（Tries）是一种用于快速检索的多叉树结构，利用字符串的公共前缀来减少查询时间，其核心思想是空间换时间，经常被用于搜索引擎和文本词频统计。前缀树的创建是从只有根节点开始的，树中的每一条边都标有字符。创建一个字符串集合的 Tries 实际上就是从根节点开始，通过依次将字符串中的每个字符插入 Tries 中，插入最后一个字符时在节点上标记为终结点即可。前缀树具有最大限度地减少无谓的字符串比较、查询效率高等优点，其基本原理如图 6-1 所示。

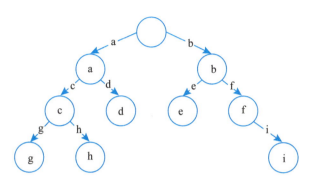

图 6-1　前缀树原理图

前缀树有着以下特性：

(1)不同字符串的相同前缀只存储一份。

(2)节点并不存放数据，数据存储在树的边上，节点存放的是边上数据经过的次数和结束的次数。

(3)根节点不存放任何数据。

(4)每个边上只包含一个字符。

(5)每个节点的所有子节点都包含不同的字符。

## 6.3.2　地名通名单词发现

基于前缀树的地名通名单词发现基本思路是利用 6.2 小节中第 1 条、第 2 条地名语法特征，基于前缀树统计特定类别中的高频词汇，并根据阈值筛选出地名通名单词，具体流程为：

(1)地名前缀树构建：基于前缀树结构，分类别对大规模地名语料库中的每条地名进行正向存储，前缀树的每一条边上标记着一个单词，每一个节点标记着该单词或词组出现的次数，依次对每一条地名进行存储。例如，Gabo Colchones、Gabo Colchones abajo、Gabo、Gabriel、Gabriel Bis、Gabriel II、Gabriel Luxardo 地名所构建的前缀树如图 6-2 所示。

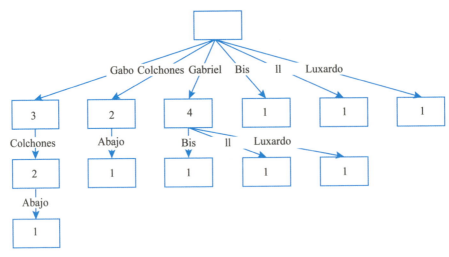

图 6-2　前缀树存储实例

（2）地名通名单词筛选：首先依据地名前缀树中所记录的每个单词词频，根据阈值来选取合适的词频单词作为潜在通名单词。

（3）地名通名单词确定：根据潜在通名单词实际含义与类别间的相关性来确定地名通名单词，并将其保存到通名库中，例如，有些介词由于其通用性出现畸高的频率，需要将这个词汇剔除。地名通名库通常包括源语言单词、目标语言（中文）对应通名、实体类别、语种等信息，见表 6-1。

表 6-1　　　　　　　　　　　　　　地名通名库示例

| 源语言单词 | 对应中文通名 | 实体类别 | 语种 |
|---|---|---|---|
| abra | 谷 | scenic_spot | 西班牙语 |
| abra | 谷 | mountain | 西班牙语 |
| academia | 大学 | education | 西班牙语 |
| acceso | 入口车站 | station | 西班牙语 |
| aeroclub | 飞行俱乐部 | building | 西班牙语 |
| aeródromo | 机场 | station | 西班牙语 |

续表

| 源语言单词 | 对应中文通名 | 实体类别 | 语种 |
|---|---|---|---|
| agencia | 办事处 | building | 西班牙语 |
| agua | 泉 | spring | 西班牙语 |
| airport | 机场 | station | 英语 |
| aldea | 村 | area | 西班牙语 |
| apart hotel | 酒店公寓 | hotel | 西班牙语 |
| bachillerato orientado | 定向高中 | education | 西班牙语 |
| biblioteca central | 中央图书馆 | library | 西班牙语 |

## 6.4　基于统计语言模型的地名通名词组发现

### 6.4.1　统计语言模型基本概念

统计语言模型是自然语言处理（natural language processing，NLP）的基础模型，统计语言模型的核心就是判断一个句子 $S$ 在给定文本中出现的概率，从概率统计的角度来解决上下文相关特征的模型。如句子 $S$ 由若干词 $\{w_1, w_2, \cdots, w_n\}$ 组成，那么 $S$ 在文本中发生的概率即可表示为 $P(S) = P(w_1, w_2, \cdots, w_n)$。根据条件概率公式 $P(w_1, w_2, \cdots, w_n) = P(w_1) \cdot P(w_2 \mid w_1) \cdots P(w_n \mid w_{n-1} \ldots w_1)$ 可以求出该句子在文本中出现的概率。根据马尔可夫假设：假设 $w_i$ 出现的概率只与前 $N-1$ 个词有关 $w_{i-N+1}, \cdots, w_{i-1}$，当 $N$ 为 2 时为二元模型，$N=3$ 时是三元模型，即一个词出现的概率与前两个词相关。

计算公式如下：

$$P(w_i \mid w_{i-1}) \approx \frac{*(w_i, w_{i-1})}{*(w_{i-1})}$$

由于地名有着通名出现频率远远高于专名出现频率，且通名词组间的词与词有着较为紧密联系的特点，本文在获取二词及以上的通名时采取平滑后的 n-gram 模型，如下式所示：

$$P(w_i \mid w_{i-1}) = \begin{cases} f(w_i \mid w_{i-1}), & *(w_i, w_{i-1}) \geqslant T \\ f_{gt}(w_i \mid w_{i-1}), & 0 < *(w_i, w_{i-1}) < T \\ Q(w_{i-1}) \cdot f(w_i), & \text{其他} \end{cases}$$

其中，$T$ 是一个阈值，在 8 到 10 之间；

$f_{gt}$ 是经过古德 - 图灵估计后的相对频度，解决在文本中$(w_{i-1}, w_i)$ 的 $w_{i-1}$ 只出现 1 次，那么它的概率就是 1 的问题。当 $r$ 较小时，统计概率并不可靠，因此计算 $r$ 时，应该用一个更小的次数 $d_r$ 来下调频率：

$$f_{gt}(w_i \mid w_{i-1}) = \frac{d_r}{N}$$

式中，$N$ 为语料库大小。

$d_r$ 的计算公式为（其中出现 $r$ 次的词有 $N_r$ 个，出现 $r+1$ 次的词有 $N_{r+1}$ 个）：

$$d_r = \frac{(r+1)(N_r+1)}{N_r}$$

$Q(w_{i-1})$ 为：

$$Q(w_{i-1}) = \frac{1 - \sum_{w_i \text{seen}} P(w_i \mid w_{i-1})}{\sum_{w_i \text{unseen}} f(w_i)}$$

"其他"表示的是$(w_{i-1}, w_i) = 0$ 的情况，本书统计的是单词连续模式的词组，此种情况不做考虑。

### 6.4.2  地名通名短语发现

地名通名还以名词短语的形式存在，无法通过词频筛选出该类地名通名。

针对此类通名发现的基本思路，是在通名单词的基础上利用统计语言模型 n-gram 模型计算其词组共现频率来发现。由于地名通名词组中各词之间联系得较紧密，可以参照 n-gram 模型由单个词通名逐步扩展到二词、三词，以及多词通名，例如西班牙语通名 estacionamiento（停车场）已存在，则可以此为基础查找西班牙语通名短语 estacionamiento hospital（医院停车场）、estacionamiento hospital municipal（市立医院停车场）等。由于上一小节所构建的前缀树已经记录了词组出现的频数，可构建 n-gram 模型，并通过合理阈值筛选通名短语。具体流程如下：

（1）计算通名词汇间共现频率：遍历地名通名库中的地名单词，依此地名前缀树，计算查找该单词与其他词汇的共现频率。

（2）地名通名短语筛选：依据词组共现频率，依据阈值筛选出词组，作为候选地名通名短语。

（3）地名通名短语确定：根据潜在通名短语实际含义与类别间的相关性确定确定地名通名单词，并将其保存到通名库中。

## 6.5　实验结果

### 6.5.1　实验数据

本文选取免费的 OpenStreetMap（OSM）上下载的 106545 条阿根廷国家地名为实验数据。选取的图层包括：buildings（建筑物）、natural（自然地物）、places（行政地名）、pofw（宗教场所）、pois（兴趣点）、traffic（交通）、transport（运输）、water-line（线状水）、water-surface（面状水）、railway（铁路）、highway（道路）。其中 buildings、water-surface 为面图层，railway、highway、water-line 为线图层，其余均为点图层。下载的数据内容包含数据原始 osm_id、原始地名 name、其他名称、经度 longitude、纬度 latitude、所属地理实体类别 fclass、类别代码 code 及一些其他属性字段，其中 buildings 图层存在二类代码 type。阿根廷地名按其经纬度展点后数据分布图如图 6-3 所示，其中点图层、线图层选取其形状中心点进行经纬度展点。

### 6.5.2　实验结果及分析

首先将地名按照其地理实体类别进行分类，再分别按照类别构建前缀树，由于地理实体类别众多，为了便于构建通名库，可以将相似的类别合并在一起进行前缀树构建。地名中的 76 个所属地理实体类别（fclass）可以合并为 32 个类别（class），其中文含义及分类结果见表 6-2。

图 6-3　阿根廷实验地名数据空间分布示意图

表 6-2　　　　　　　　　　　　**地理实体类别合并(部分)**

| fclass | class | 中文含义 |
|---|---|---|
| University、school、kindergarten、college | education | 教育 |
| Pharmacy、hospital、doctors、clinic | health | 健康 |
| sports_centre、pitch、stadium | motion | 运动 |
| Attraction、viewpoint | scenic_spot | 景观景点 |
| Glacier、peak、cliff、volcano | mountain | 山 |

将 32 个类别的地名全部转换为小写后分别构建前缀树,并将前缀树中单词的词频进行降序排列,去掉介词、冠词、连词等词性,留下词频高的名词,见表 6-3。

表 6-3                                前缀树获取单词词频(部分)

| 单词 | 词频 | class | 单词 | 词频 | class |
|---|---|---|---|---|---|
| escuela | 3752 | education | caps | 398 | health |
| agrupamiento | 284 | education | farmacia | 367 | health |
| colegio | 274 | education | hospital | 276 | health |
| instituto | 196 | education | centro | 216 | health |
| jardín | 177 | education | san | 181 | health |
| san | 132 | education | sanatorio | 133 | health |
| primaria | 132 | education | salud | 113 | health |
| bachillerato | 119 | education | clinica | 64 | health |

　　按照通名出现频率远远高于专名频率的原则，根据类别中单词总数 words 设定阈值进行筛选，其阈值 $X$ 设置如下：

$$X \begin{cases} \geqslant 2, & 0 < \text{words} \leqslant 2000 \\ \geqslant 5, & 2000 < \text{words} \leqslant 5000 \\ \geqslant 10 & 5000 < \text{words} \end{cases}$$

　　按照阈值筛选出范围内的单词后，获取其单词的中文含义，根据其类别 class (fclass)、词性(是否名词)判断该单词是否可以作为通名。如表 6-3 中的单词 escuela，其翻译为"学校"，符合类别 education，则该词可以作为通名，将其单词、翻译、地理实体类别一同存入通名库。最后，按照此方法筛选出所有未登录地名单个词通名。

　　单词通名发现后，需根据前缀树存储的地名利用统计语言模型进行多词通名的发现。前缀树中存储了每个单词以及词组的词频，根据这些词频进行概率计算，筛选阈值范围内词组，在剔除了含介词、冠词等词性的词组后获取翻译，最后判断该词组是否可以留作通名。以二词词组为例，见表 6-4。

　　阈值 $P$ 范围参考：

$$P = \begin{cases} \geqslant 10^{-4}, & \text{words} = 2 \\ \geqslant 10^{-5}, & \text{words} \geqslant 3 \end{cases}$$

表 6-4 二词通名词组概率计算（部分）

| 词组 | class | 词组频数 | 概率 P |
|---|---|---|---|
| farmavida sucursal | health | 10 | 0. 588235294 |
| sala asistencial | health | 9 | 0. 409090909 |
| dispensario municipal | health | 8 | 0. 181818182 |
| clinica privada | health | 9 | 0. 140625 |
| clínica privada | health | 8 | 0. 072727273 |
| hospital san | health | 20 | 0. 072463768 |
| farmacia san | health | 25 | 0. 068119891 |
| sanatorio privado | health | 8 | 0. 060150376 |

# 第7章 派生地名的概念与基本特征

## 7.1 引言

简单而言，派生地名是指由某一地名派生而来的地名，在各语种地名中广泛存在。例如，地名"Sherman Street Park"是由"Sherman Street"派生而来。一般而言，派生地名需要意译。由于目前派生地名方面基础理论研究不多，无法科学、有效地处理地名翻译中的派生现象，导致地名翻译质量受到影响。因此，本章通过研究派生地物与原生地物之间的空间拓扑关系、空间度量关系，明确派生地名概念，分析各类派生地名与原生地名在空间关联性和地名关联性上的特征。

## 7.2 派生地名的界定

派生地名是通过派生的方式命名的地名，是"以移借它名而命名的地名"，其中"它名"又称为原生地名。人们在给新发现地物命名时，往往会结合周围自然地物或人工地物的原有地名，将这些原有地名通过派生的方式生成新地名。这些新地名既保留了反映周围环境的地理信息，又蕴含了该地物与邻近地物的相对位置关系，体现了地名的定位功能。根据这类地名的派生形式及其相关情况，本研究将派生地名相关概念做了进一步的细化，具体为：

定义1：将整个原生地名挪用至派生地名的地名称为完全派生地名。

定义2：将原生地名的专名部分挪用至派生地名的地名称为专名派生地名。

定义3：将原生地名的通名或其上义词通名挪用至派生地名的地名称为通名派生地名。

定义 4：原生地名指代的地物称为原生地物。

定义 5：派生地名指代的地物称为派生地物。

定义 6：派生地物与原生地物之间的距离存在一定限度，这个限度称为邻近距离。

定义 7：一类原生地物与另一类派生地物之间的一一对应关系称为派生模式。

## 7.3 派生地名分类及形式化表达

### 7.3.1 派生地名分类

派生地名是由原有的地名通过派生的方式分化而来的地名，相较于普通地名，派生地名存在一个地名嵌套另一个地名的现象。因此，根据派生方式的不同，派生地名构成形式也不同，总体可分为完全派生地名与通名派生地名两类。

**1. 完全派生地名**

完全派生地名是专名部分包含整个原生地名的地名，在地名构成上呈现一个地名嵌套另一个地名的形式。因此，从构词成分的组成形式来看，完全派生地名由专名、形容词、方位词、数量词、介词、连词、通名、原生地名专名、原生地名形容词、原生地名方位词、原生地名数量词、原生地名介词、原生地名连词、原生地名通名构成。由此可看出，相比于普通地名的构词成分组成情况，派生地名除了自身的构词成分还包含原生地名的构词成分，例如派生地名 Center Lake Wildlife Management Area 嵌套着原生地名 Center Lake 的方位词 Center 和通名 Lake，因此，地名的嵌套关系是英语完全派生地名最显著的特征。

**2. 通名派生地名**

通名派生地名是专名部分仅包含派生通名的地名。从构词成分的构成形式来看，通名派生地名由专名、形容词、方位词、数量词、介词、连词、通名以及派生通名构成。在通名派生地名中派生通名分为地名通名、方位词通名、合成词通名、形容词通名，其中地名通名是原生地名的地名通名或其语义上的同义词、上义词，如原生地名的地名通名为 State University，其派生地名中的派生通名可能为 State University、State College、University；方位词通名通常是"原生地名通名+Side"的形式，如 Parkside、Hillside、Riverside、Lakeside 等；合成词通名是由派生地名通名和原生地名通名的合成词，如 Parkway（公园路）、Ridgeway（山脊路）、Waterway（水道）等；形容词通名是具有原生地名通名含义的名词性形容词，如 Montanic（多山的）、Laky（湖泊的）、Collegiate（学院的）、Castle（城堡的）等。由此可看出，英语通名派生地名的显著特征是派生地名中的派生通名与原生地名通名存在复杂的语义关系。

## 7.3.2　派生地名形式化表达

派生地名与普通地名的最大区别在于派生地名除了蕴含派生地物自身的地名信息还保留了原生地物的地名信息。因此，为了区分，我们把属于原生地名的构词成分统称为派生构词成分，如派生专名、派生方位词、派生通名；除派生部分构词成分以外的构词成分称为自身构词成分，如自身专名、自身通名、自身方位词。由于派生方式的不同，属于不同派生类型的派生地名具有不同的构词成分，同时也有着不同的派生规律表现形式。

### 1. 完全派生地名的形式化表达

由完全派生地名的定义可知，完全派生是人们给新生地物命名时，将周围具有参考价值的地物地名挪用到新地名中的一种地名命名方式。为了增强地名的指位功能，人们在采用完全派生方式给新生地物命名时往往选取其他类别的地物作为原生地物即遵守异类派生原则。因此，结合完全派生地名的构词成分组成特点，完全派生规律可由以下公式表示：

$$D(U, O, A, P, Q, G) \xrightarrow{\text{完全派生}} S(SU, D(U, O, A, P, C, Q, G),$$
$$SO, SA, SP, SC, SQ, SG)$$

$$\text{Class}_{\text{Derived}}\{c_1, c_2, c_3, \cdots, c_n\} \cap \text{Class}_{\text{native}}\{c_1, c_2, c_3, \cdots, c_n\} = \varnothing$$

式中，$U$表示原生地名的专名；$O$表示原生地名的方位词；$A$表示原生地名的形容词；$P$表示原生地名的介词；$C$表示原生地名的连词；$Q$表示原生地名的数量词；$G$表示原生地名的通名；$SU$表示派生地名的自身专名；$SO$表示派生地名的自身方位词；$SA$表示派生地名的自身形容词；$SP$表示派生地名的自身介词；$SC$表示派生地名的自身连词；$SQ$表示派生地名的自身数量词；$SG$表示派生地名的自身通名；$\mathrm{Class_{Derive}}$表示派生地物类别的通名集合；$\mathrm{Class_{native}}$表示原生地物类别的通名集合。

## 2. 通名派生地名的形式化表达

由通名派生地名的特点可知，通名派生是人们给新生地物命名时，对能体现周围自然地理特征或人文地理特征的邻近地物通名进行合成和加工，并将其融入新地名中的一种命名方式。与完全派生同理，通名派生现象存在于异类地物之间。因此，结合通名派生地名构词成分的组成形式，通名派生规律可用以下公式表示：

$$D(U,\ O,\ A,\ P,\ Q,\ G)\ \xrightarrow{\text{通名派生}}\ S(SU,\ DG,\ SO,\ SA,\ SP,\ SC,\ SQ,\ SG),\ G \subseteq DG$$

$$\mathrm{Class_{Derived}}\{c_1,\ c_2,\ c_3,\ \cdots,\ c_n\} \cap \mathrm{Class_{native}}\{g_1,\ g_2,\ g_3,\ \cdots,\ g_n\} = \varnothing$$

$$DG \subset \mathrm{Class_{native}}\{g_1,\ g_2,\ g_3,\ \cdots,\ g_n\}$$

式中，$U$表示原生地名的专名；$O$表示原生地名的方位词；$A$表示原生地名的形容词；$P$表示原生地名的介词；$C$表示原生地名的连词；$Q$表示原生地名的数量词；$G$表示原生地名的通名；$SU$表示派生地名的自身专名；$SO$表示派生地名的自身方位词；$SA$表示派生地名的自身形容词；$SP$表示派生地名的自身介词；$SC$表示派生地名的自身连词；$SQ$表示派生地名的自身数量词；$SG$表示派生地名的自身通名；$DG$表示派生地名的派生通名，其中派生通名$DG$在语义上包含原生地名通名$G$；$\mathrm{Class_{Derived}}$表示派生地物类别的通名集合；$\mathrm{Class_{native}}$表示原生地物类别的通名集合。

# 7.4　派生地名的空间约束条件

## 7.4.1　派生地物与原生地物的空间关系

地名派生源于两邻近地物地名属性相互关联的一种地理现象。本节从空间分布特征、空间拓扑特征、地名属性的空间度量关系等方面对派生地物与原生地物间的空间关系特征进行研究分析，从而为下一步界定其空间约束关系提供依据。

## 7.4.2　派生地名的空间约束条件

### 1. 空间分布特征

人们在给新生地物命名时，为了表达该地物的地理环境以及相对位置关系，往往会采用派生地名的命名方式。因此，在空间分布上，派生地物总是聚集在原生地物的周围，且原生地物的空间分布范围越大，原生地物的名气就越大，其对周围地物命名方式的影响范围就越大。由此可得出如下结论：空间分布范围越大的原生地物，由其派生出来的派生地物越多，且这些派生地物聚集在原生地物的附近，如图 7-1 所示。

图 7-1　派生地物的空间聚集

## 2. 空间拓扑特征

从地理实体的表现形式来看，原生地物和派生地物可分为点要素、线要素以及面要素。点要素如地铁站、加油站、超市等；线要素如地铁、公路、河流等；面要素如湖泊、公园、水库等。从原生地物与派生地物的空间拓扑关系来看，原生地物与派生地物之间存在相交（intersects）、触碰（touch）、相离（disjoint）、包含（contains）、被包含（within）、相等（equal）、交叠（overlap）以及穿越（cross）关系等空间拓扑特征。因此，在某些派生模式下，派生地物与原生地物之间存在特定的拓扑约束关系，例如属于 Dam 类的派生地物与 Lake 类的原生地物只存在触碰关系，属于 Hill 类的派生地物与 County 类的原生地名只存在被包含关系和相交关系，属于 Beach 类的派生地物与属于 River 类的原生地物只存在 Touch 关系。

## 3. 空间度量关系

根据地理学第一定律：任何事物都是与其他事物相关的，只不过相近的事物关联更紧密。该定律同样适用于地名现象，即距离相近的地物，地名属性的相关性越强。在给新地物命名时为了体现该地物与周围地物的邻近关系，人们往往会将周围原有的地名信息蕴含在新地名中。人们从地名就能大概了解该地物所处的环境，以便于人们对其进行定位。因此，派生地物与原生地物存在一定的邻近关系，定量地看，派生地物与原生地物的距离在一定的范围即邻近距离，在这个范围内，派生地物离原生地物越近，派生地名的指位性就越强；相反，派生地物离原生地物越远，派生地名的指位性就越弱，超过了这个范围，则无法发挥派生地名的指位功能。于是，派生地物的指位性可由以下公式度量：

$$Positioning(x) = \begin{cases} k\dfrac{x}{l}, & 0 \leqslant x \leqslant l \\ \\ 0, & x > l \end{cases}$$

式中：$x$ 为派生地物与原生地物的实际距离；$l$ 为该派生模式下派生地物的邻近距离；$k$ 为系数。

由于地物类别不同的地理实体，其空间分布范围也不同。空间分布范围越大的地物，其周围派生地物的分布范围越大。此外，空间跨度越大的地物，名气也越大，其对周围地物地名属性的影响范围就越大。因此，地物类别不同的原生地物，其与派生地物间的派生距离也不同。定量地看，派生地物的邻近距离与原生地物的面积成正相关，因此，派生地物的邻近距离可用以下公式表示：

$$\mathrm{Dist}(s) = k * s$$

式中：$s$ 为原生地物的实际面积；$k$ 为系数。

# 第 8 章　基于知识图谱的派生地名自动识别

## 8.1　引言

对于地名派生规律中复杂的通名语义关系，由地名工作者根据地名领域的专家知识进行手工搭建，将会增加人工成本，容易出错；而且传统关系型数据库对语义关系的表达能力有限。对此，本书结合知识图谱技术对地名派生规律中的语义地名和派生关系进行存储和表达，从而利用这些派生知识实现派生地名的自动识别。例如，地名"Peking University Station"由地名"Peking University"派生而来，英语派生地名识别的目标就是将"Peking University"识别为"Peking University Station"的原生地名，为后续的翻译提供依据。

为此，本章首先根据先验知识从实际地名数据中通过地统计方法获得不同类别派生地名与原生地名的空间约束条件，包括空间拓扑关系、邻近距离以及地理关联程度等方面，并利用该信息构建英语派生地名知识图谱，进而基于该知识图谱进行英语派生地名的识别。

## 8.2　派生地名知识图谱结构设计

本章采用自上而下的方式构建派生地名知识图谱，其步骤主要为实体设计、关系设计、属性设计以及推理规则设计。

124

## 1. 实体设计

从派生地名的约束条件可知，在空间拓扑关系方面涉及的概念有派生地物类别、原生地物类别；在语义关系方面涉及的概念有派生地名通名和原生地名通名；在地名关联性方面派生通名与原生地名通名的语义关系涉及的概念有地名通名、方位词通名、合成词通名、形容词通名等概念；在数据类型方面，派生地物和原生地物矢量数据还含有矢量数据数据要素类型概念。因此，本派生地名知识图谱涉及的概念有派生地物类别、原生地物类别、派生地名通名、原生地名通名、派生通名、地名通名、方位词通名、合成词通名、形容词通名、矢量数据要素类型。

## 2. 关系设计

根据派生地名的派生规律可知，在空间关系上，派生地物与原生地物存在特定的空间拓扑关系以及邻近关系。对此，为了查询派生模式下的空间拓扑特征和邻近距离，本算法将派生地物与原生地物的空间拓扑关系和邻近距离设置为该类派生模式下，空间关系的空间拓扑关系属性和邻近关系属性，如图 8-1 所示。在地名关系上，派生地名中的派生通名与原生地名的地名通名存在语义关系。对于派生通名中的地名通名，该通名与原生地名通名存在语义包含关系，且该通名属于原生地物类别，因此该通名不仅与原生地名通名存在语义包含关系，还与原生地物类别存在从属关系，如图 8-2 所示；对于派生通名中的形容词通名，该通名是由原生地名通名衍化而来的通名形容词，因此该通名是原生地名通名的形容词关系，如图 8-3 所示；对于派生通名中的方位词通名，该通名具有指向功能，因此该通名与原生地名通名存在方位指向关系，如图 8-4 所示；对于派生通名中的合成词通名，由于该通名在语义上由派生地名通名和原生地名通名合成而来，因此存在原生地名通名是合成词通名的合成词关系，如图 8-5 所示。

## 3. 属性设计

在数据类型方面，由于本算法的研究对象是地理实体矢量数据，因此派生地物和原生地物都具有矢量数据类型，由于本算法将派生地物和原生地物概念进一

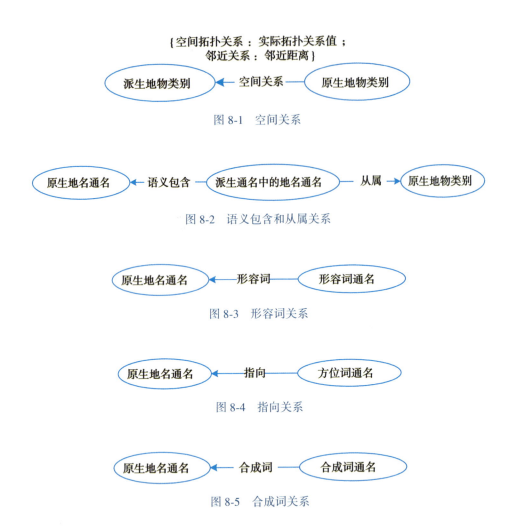

{空间拓扑关系 : 实际拓扑关系值 ;
邻近关系 : 邻近距离}

派生地物类别 ← 空间关系 — 原生地物类别

图 8-1　空间关系

原生地名通名 ← 语义包含 — 派生通名中的地名通名 — 从属 → 原生地物类别

图 8-2　语义包含和从属关系

原生地名通名 ← 形容词 — 形容词通名

图 8-3　形容词关系

原生地名通名 ← 指向 — 方位词通名

图 8-4　指向关系

原生地名通名 ← 合成词 — 合成词通名

图 8-5　合成词关系

步抽象成派生地物类别和原生地物类别，故派生地物类别和原生地物类别都存在矢量数据类型属性，其属性值域为点、线、面数据类型。在地名属性方面，派生地名和原生地名都具有通名属性，且地名和地物的指代相同，因此，通过将"地名"概念和"地物"概念进行融合，使得派生地物和原生地物分别具有派生地名通名属性和原生地名通名属性，又结合对派生地物和原生地物的概念抽象，可推出，派生地物类别和原生地物类别分别具有派生地名通名属性和原生地名通名属性。同理，原生地名具有派生通名属性，通过将原生地名抽象成原生地名通名，使得原生地名通名具有派生通名属性。经过一系列的抽象和融合，派生地名知识图谱中各实体都具有显影的属性关系，如图 8-6 所示。

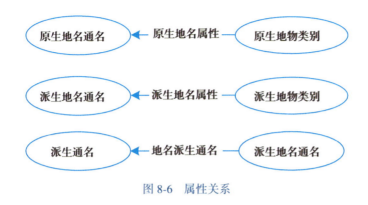

图 8-6  属性关系

### 4. 推理规则设计

由于派生地名数据的数量有限，由数据驱动搭建地名派生知识图谱的方式，无法构建地名派生领域内完整的知识图谱。从数量有限的派生地名和原生地名数据中，提取出来的派生通名、原生地名通名以及原生地名类别，无法构建出各派生模式下的所有语义包含关系。构建完成的地名派生知识图谱中属于同一原生地物类别的派生通名与原生地名通名还存在隐含的语义包含关系，如图 8-7 所示，因此还需要对其进行语义关系挖掘。根据如下推导规则可推理出派生通名与原生地名通名隐含的语义包含关系。

推导规则：若派生通名 $A$ 和派生通名 $B$ 属于原生地物类别 $C$；原生地名通名 $a$ 是原生地物类别 $C$ 的原生地名通名；派生地名 $A$ 语义包含原生地名通名 $a$；则当派生通名 $B$ 是派生通名 $B$ 的同义词时，派生通名 $B$ 语义包含原生地名 $a$，如下公式所示。

$(A，从属，C) \cap (B，从属，C) \cap (A，语义包含，a) \cap (C，地名通名，a) \cap (A，同义词，B) \Rightarrow (B，语义包含，a)$

式中，$A$，$B$ 为派生通名；$C$ 为原生地物类别；$a$ 为原生地名通名。

127

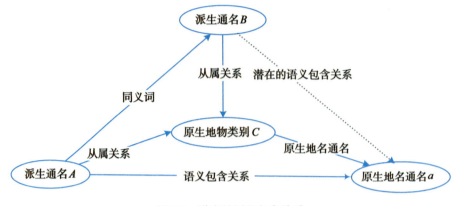

图 8-7　潜在的语义包含关系

## 8.3　派生地名知识图谱空间约束条件量化表达

### 8.3.1　技术思路

空间约束条件量化计算算法基本思路为：首先根据先验知识从地名数据中提取出各类派生地名和原地名图层，进而通过空间分析、近邻分析以及计算地理关联度等地学统计方法，获取各类派生模式下派生地名与原生地名的空间拓扑关系、邻近距离以及地理关联程度，从而量化派生地名空间关系，如图 8-8 所示。

### 8.3.2　数据筛选及预处理

由派生地名的约束条件可知，派生地名与原生地名在空间拓扑关系、邻近关系、地理关联性方面存在一定的约束条件。因此，需要结合各派生地名的相应约束条件筛选出派生地名数据，用来作为构建派生地名知识图谱的知识数据。

#### 1. 完全派生地名派生数据的获取

根据完全派生地名的约束条件可知，在空间拓扑关系方面，完全派生地名与原生地名存在特定的空间拓扑关系。因此，需要结合地名领域的先验知识检查拓

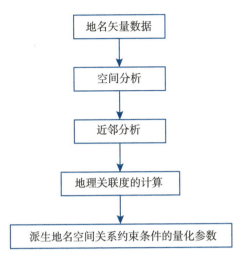

扑关系的合理性，对不合理的拓扑关系及其相应数据进行删除。在邻近关系方面，基于邻近距离搜索得到的邻近原生地物与派生地物已经符合邻近关系条件，因此不需要做任何处理。在地理关联性方面，需要根据派生地物与原生地物的地理关联度，筛选出地理关联度大于 0.5 且地理关联程度为强相关的派生地名和原生地名；在地名关联性方面，可利用派生地名与原生地名的嵌套关系和派生地物与原生地物的异类关系，筛选出符合完全派生规律的派生地名和原生地名。经过层层筛选，最终将满足完全派生地名约束条件的派生地名及其派生信息作为派生地名知识图谱的完全派生地名数据。

**2. 通名派生地名派生数据的获取**

由通名派生地名的约束条件可知，在空间拓扑关系、邻近关系、地理关联度方面通名派生地名与完全派生地名具有相同的约束条件，可采用相同的措施对派生地名和原生地名进行筛选。在地理关联性方面，可利用地名邻域内派生通名和原生地名通名的语义关系表进行语义关系的判定，以及利用地名通名和地物类别的对照表进行派生通名与原生地物类别从属关系的判定，并结合派生地物与原生地物的异类关系，筛选出符合通名派生地名关联性约束条件的派生地名和原生地名。最终，将筛选得到的派生地名数据和原生地名数据作为派生地名知识图谱的通名派生地名数据。

### 3. 数据预处理

对于地理实体矢量数据，首先需要对地名数据中的不必要的特殊字符进行删除处理，以及转换成统一的大小写；然后对于缺失地物类别信息的矢量数据进行删除处理；最后根据地名通名与地物类别信息表以及地名邻域内各派生模式下的派生通名信息从地理实体矢量数据中提取出多通名地物图层和原生地物图层。

## 8.3.3　空间约束条件量化计算

### 1. 空间拓扑分析

由于在各类派生模式下，派生地物与原生地物之间存在着特定的空间拓扑关系，然而事先我们并不了解各类派生模式中派生地物与原生地物存在哪些空间拓扑关系。因此，本算法采用启发式的策略，以派生地物为输入图层，原生地物为搜索图层，依次按照空间拓扑关系，从搜索图层中搜索原生地物要素，若搜索结果不为空，则记录查询的空间拓扑关系。由此可获取各类派生模式下派生地物与原生地物的空间拓扑关系信息以及实现按照空间拓扑关系对原生地物数据集的划分。

### 2. 邻近分析

由派生地名的约束条件可知，派生地物与原生地物之间的距离不能超过该类派生模式下的邻近距离。然而，每个人对邻近距离的理解各不相同，凭借生活经验人为地设定各派生模式下的邻近距离，会导致派生地名的识别缺乏科学性。对此，本算法采用点估计的方法对各派生模式下派生地物与原生地物的邻近距离进行估计。根据地理学第一定律可知，距离越近的地物，地物属性的关联性就越强，因此，两相邻地物越近，其地名属性的关联程度就越强。根据这一特性可知，派生地物的原生地物大概率为其最近邻地物，因此本算法首先利用近邻分析获取派生地物的最近邻地物，然后以最近邻距离为样本，利用邻近距离点估计公式估算出该类派生模式下的邻近距离，最后利用邻近距离进行邻近原生地物的搜索。

1) 邻近距离样本数据的获取

在派生地物数据集中，选取与派生地物存在相离关系的原生地物图层作为输入图层，原生地物为邻近地物搜索图层；从而通过近邻分析获取该类派生模式下派生地物要素与最邻近原生地物要素之间的距离值，如图 8-9 所示，进而利用箱型图分析法获得样本距离数据的正常距离值的分布范围［lower_limit，upper_limit］，如图 8-10 所示，其分布区间的上下限可用式(8-1)求得：

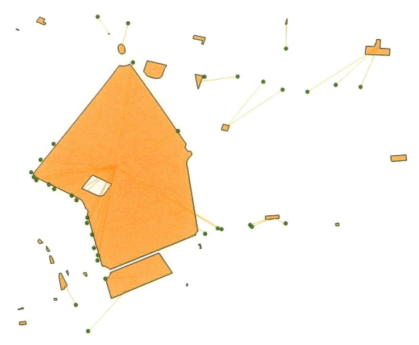

图 8-9　近邻分析

$$\begin{cases} \text{IQR} = Q_3 - Q_1 \\ \text{lower\_limit} = Q_1 - 1.5\text{IQR} \\ \text{upper\_limit} = Q_3 + 1.5\text{IQR} \end{cases} \quad (8\text{-}1)$$

式中，$Q_3$ 为上四分位数；$Q_1$ 为下四分位数；IQR 为四分位距；lower_limit 和

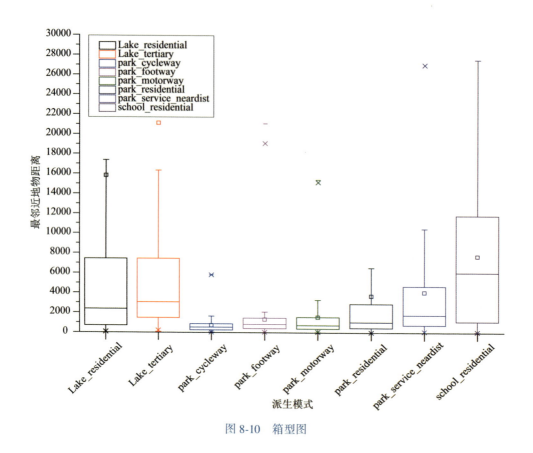

图 8-10　箱型图

upper_limit 为异常值截断点。

2）邻近距离估计

根据派生地名的指位性度量公式可知，在某派生模式下，派生地物与原生地物的距离存在一个限度即邻近距离。若将派生地物与原生地物之间的距离 $X$ 作为随机变量，则 $X$ 服从均匀分布 $U(0, S)$，其概率密度函数如式（8-2）所示。对此，本算法采用均匀分布的点估计公式估计各派生模式下的邻近距离值。

$$P(x) = \frac{X}{l}, \ 0 \leqslant x \leqslant l \tag{8-2}$$

式中，$x$ 为原生地物与派生地物之间的距离；$l$ 为该类派生模式下的邻近距离。

3）邻近原生地物的检索及地名信息的获取

对于原生地物数据中与多通名地物图层存在非相离关系的原生地物要素，可直接作为派生地物要素的邻近地物，然后将其作为标识图层，对多通名地物图层进行"标识"，从而获取原生地物的地名属性信息。而对于与多通名地物图层存在相离关系的原生地物要素，则需要以邻近距离为搜索半径，将原生地物图层作为待搜索图层，通过"位置选择"筛选出邻近的原生地物要素。

**3. 地理关联度的计算**

根据派生地名约束条件可知，派生地物与原生地物具有一定的地理关联性，对此，本算法首先利用 Fp-Growth 算法进行频繁派生模式的挖掘，然后利用置信度和改进后的正点互信息对派生地物与原生地物的地理关联性进行定量和定性的衡量。

1）数据集的获取

根据启发式搜索得到的各派生模式的估计的邻近距离，以某类原生地物为中心，选取以该类地物类别为原生地物类别的所有派生模式下的邻近距离最大值为半径，搜索位于该类原生地物周围的邻近地物，并获取邻近地物的地物类别属性。最终形成由原生地物类别和派生地物类别组成的地物类别数据集。

2）频繁地物类别数据集的挖掘

挖掘频繁地物类别数据集首先利用待搜索地物与邻近地物地物类别属性数据组成的事务集 Class $\{c_1, c_2, c_3, \cdots, c_n\}$ 构建 FP 树，然后结合先验知识设置最小支持度 min_suport，从而通过 FP 树能获得地物类别数据集 Class 中的所有具有强关联规则的频繁数据集。在实际频繁集挖掘过程中，这些频繁项集中往往存在大量冗余的关联规则项集即零事务，然而我们只关心只包含派生地物类别和原生地物之间的关联规则。因此需要从这些频繁数据集中筛选出包含待搜索地物类别的频繁 2 项集。

3）计算地理关联度

在定量上，本算法利用置信度计算出派生地物与原生地物的地理关联度。在定性上，本算法借鉴信息论中正点互信息 PPMI（positive pointwise multual information）衡量两离散变量相关性的方法，将其应用于该派生模式下地理关联程度定性的度量。由于地理关联度的计算涉及海量的地理实体要素，传统正点互信息公式不利于计算机的计算。对此，本文对其进行了改进，最后将改进后的正点互信息作为该派生模式的地理关联度的定性度量，如式(8-3)所示。

$$\text{Correlation}(D, S) = \log_2\left(1 + \frac{P(D, S)}{P(D)P(S)}\right)$$

式中，$X$ 和 $Y$ 为离散的随机变量；$D$ 为派生地物的地物类别；$S$ 为原生地名的地物类别。当 $\text{Correlation}(X, Y) = 1$ 时，表明派生地物与原生地物不具有相关性；当 $0 < \text{Correlation}(X, Y) < 1$ 时，表明派生地物与原生地物具有较弱地理关联性；当 $\text{Correlation}(X, Y) > 1$ 时，则表明派生地物与原生地物具有较强地理关联性。

### 8.3.4 派生地名知识图谱空间约束条件填充

在获取关系型派生地名信息数据后，过滤出具有较强地理关联性的派生地名信息数据，并结合派生地名知识图谱中本体的实体结构，从派生地名信息数据中，提取出相应的实体实例数据以及属性值数据，如表 8-1 所示，然后根据实体关系和属性关系，对实体实例数据与属性值数据进行连接和融合，并根据设定的知识推理规则，进行潜在语义关系的发现，最后可得到派生地名知识图谱。

表 8-1　　　　　　　　　　　　　　派生信息数据

| 派生地名 | 派生地物类别 | 派生类型 | 派生通名 | 原生地名 | 原生地物类别 | 邻近距离(m) |
|---|---|---|---|---|---|---|
| Lake Darrynane Dam | DAM | 通名派生 | Lake | Horseshoe Lake | LK | 3460. 101 |
| Frisco Lakeside Park Dam | DAM | 通名派生 | Lakeside | Waterworks Lake North | LK | 491. 984 |
| Ocean Parkway Bike Path | RD | 通名派生 | Parkway | Holliday Park | PRK | 683. 12 |
| Castle Creek Cow Camp | CMP | 通名派生 | Castle | Joslyn Castle | BLDG | 986. 03 |

按照派生地名知识图谱结构，将上述派生地名数据填充到图谱中，最终得到派生地名知识图谱的本体。按照设计的实体类型可从派生地名知识数据中提取出实体概念的实例数据，进而根据实体关系和实体属性构建出派生地名知识图谱的知识网络，完成知识图谱的扩展，如图 8-11 所示。

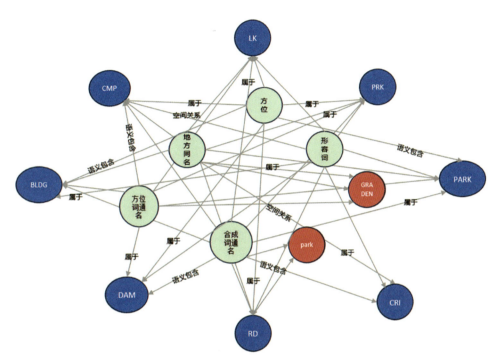

图 8-11　实体填充后的知识图谱

## 8.4　派生地名自动识别

派生地名的自动识别算法主要是利用派生地名知识图谱中的派生模式信息、地名通名与地物类别的从属关系信息以及各派生模式下的空间关系信息、语义关系信息实现派生地名识别的自动化。因此，派生地名的自动识别算法的主要步骤有多通名地物和原生地物图层的提取、邻近原生地物的搜索、派生关系的判定。

## 1. 多通名地物和原生地物图层的提取

由于在构建派生地名知识图谱时，所采用的派生地名知识数据中派生地名的地物类别与原生地名的地物类别已经具有较强的地理关联度，因此，通过知识查询可以从派生地名知识图谱中查询得到所有具有较强地理关联度的派生模式，从而可利用查询得到的派生地物类别和原生地物类别信息在地理实体矢量数据中提取出原生地物图层和多通名地物图层，且图层中的派生地物要素和原生地物要素已经满足派生地名约束条件中地理关联性的要求。

## 2. 邻近原生地物的搜索

通过知识查询可以从派生地名知识图谱中获得派生模式下的空间拓扑关系以及邻近距离。因此，本算法首先可通过计算原生地物与多通名地物之间的距离，从多通名图层和原生地物图层中筛选出相邻距离小于该派生模式下邻近距离的多通名地物要素和原生地物要素。然后，在此基础上，通过计算派生地物要素和原生地物要素的空间拓扑关系，筛选出符合该派生模式下空间拓扑关系的多通名地物要素和原生地物要素。最终，经过筛选可以得到在空间拓扑关系方面和邻近关系方面满足派生地名约束条件的多通名地物要素和原生地物要素，并获取其地名属性信息和地名通名信息。

## 3. 派生关系的判定

经过多通名地物和原生地物图层的提取和邻近原生地物的搜索等步骤后，所筛选得到的多通名地物要素和原生地物要素已经在异类派生原则、地理关联性、空间拓扑关系、邻近关系等几个方面满足派生地名约束条件，还需要满足派生地名与原生地名之间的地名关联性约束条件即可将该多通名地名识别为相应的派生地名。

1）完全派生地名的识别

在完全派生地名的约束条件中，完全派生地名必须与原生地名通名存在地名嵌套关系，因此可直接通过以"多通名地物地名是否包含于原生地物地名"为判别条件进行完全派生关系的判别，若多通名地物与原生地物地名存在满足地名包含关系，即可判定该多通名地名为派生地名，其与原生地物地名存在完全派生关系。

2）通名派生地名的识别

在通名派生地名的约束条件中，通名派生地名与原生地名通名存在语义关系，其中派生通名与原生地名通名存在语义包含关系、指向关系、合成词关系、修饰关系。因此，可通过知识查询获得该类派生模式下的派生通名与原生地名的语义包含关系、方位词派生通名、合成词派生通名以及形容词派生通名。从而通过判断多通名地名中的派生通名与原生地名通名是否满足该类派生模式下的语义包含关系、多通名地名中是否存在原生地名的方位词和形容词以及多通名地名是否存在多通名地名通名和原生地名通名的合成词，实现多通地名与原生地名之间的通名派生关系的判定，若满足以上条件，则可将该多通名地名判定为通名派生地名。

## 8.5 实验结果

### 8.5.1 实验数据

本实验数据源为 Geofabri 网站下载的美国纽约州的矢量数据，其中包含 12373 条线数据、14698 条面数据，其中涉及的主要地物类别为 Park、Lake、School、Residential、Tertiary、Cycleway、Footway、Motorway、Service 等。

### 8.5.2 实验结果及分析

本实验分别对 Lake 与 Residential、Lake 与 Tertiary、Park 与 Cycleway、Park 与 Footway、Park 与 Motorway、Park 与 Residential 间派生模式下的完全派生地名和完全派生地名进行识别，经过人工检查后，各类派生模式下的识别正确率如表 8-2 所示，识别结果如表 8-3 和表 8-4 所示。

表 8-2 派生地名识别精度评价表

| 派生模式 | 完全派生地名总数 | 正确率 | 通名派生地名总数 | 正确率 |
|---|---|---|---|---|
| Lake 与 Residential | 236 | 88.51% | 1267 | 82.78% |
| Lake 与 Tertiary | 450 | 82.34% | 3213 | 73.65% |
| Park 与 Cycleway | 842 | 84.67% | 6758 | 78.93% |
| Park 与 Footway | 264 | 86.78% | 2703 | 81.54% |
| Park 与 Motorway | 163 | 79.67% | 4163 | 69.78% |
| Park 与 Residential | 467 | 84.56% | 5134 | 76.89% |

表 8-3 通名派生地名识别结果(部分)

| 通名派生地名 | 原生地名 | 派生地物类别 | 原生地物类别 | 派生通名 | 邻近距离(m) |
|---|---|---|---|---|---|
| Fort Hamilton Parkway | Sherman Street Park | motorway | Park | Parkway | 3153.377 |
| Lane School Road | Wellsville Elementary School | residential | School | School | 22771.782 |
| Ocean Parkway Bike Path | McDonald Playground | cycleway | Park | Parkway | 1698.043 |

表 8-4 完全派生地名识别结果(部分)

| 完全派生地名 | 原生地名 | 派生地物类别 | 原生地物类别 | 派生通名 | 邻近距离(m) |
|---|---|---|---|---|---|
| Central Park Outer Loop | Central Park | cycleway | Park | Parkway | 22771.782 |
| Sunset Park Circle | Sunset Park | footway | School | School | 2135.185 |
| Owl Lake Parkway | Owl Lake | tertiary | Lake | Parkway | 17398.134 |

# 第9章 顾及派生关系的地名自动翻译

## 9.1 引言

由于前述地名结构树无法体现派生地名的自身部分与派生部分的嵌套关系，且缺少叶节点的构词成分信息，因此无法区分派生地名中的派生部分和自身部分，导致在地名翻译时统一将派生通名和专名化通名作为地名通名，从而影响地名翻译质量。因此，本章在前述地名机器翻译技术的基础上，结合派生地名的特点提出顾及派生关系的地名自动翻译方法，在构建派生地名语法树的基础上，将其应用于派生地名的翻译。

## 9.2 派生地名结构树的构建

相较于普通的地名，派生地名除了自身的构词成分，还包含由原生地名派生而来的部分即派生部分。由此可知，派生地名的自身构词成分与派生部分的构词成分存在嵌套关系。因此，派生地名结构树的构建大致可分为派生地名嵌套结构的构建、派生地名翻译模式匹配以及地名结构树消歧。

### 9.2.1 派生地名嵌套结构的构建

根据派生地名的类别不同，派生地名派生部分包含的内容也不同。因此，派生地名嵌套结构的构建首先需要根据派生地名的派生类别，确定派生地名的派生部分，然后将派生地名中的派生部分作为特殊的构词成分，并用占位符 $Y$ 替代，进而构建出派生地名的嵌套结构。对于完全派生地名，派生部分为整个原生地名，例如完全派生地名 Big Lake Park 的派生部分为 Big Lake，其地名嵌套结构如图 9-1 所示。对于通名派生地名，派生部分为原生地名通名或原生地名通名的上义词，例如通名派生地名 Carter Lake Trail 的派生部分为 Lake，其地名嵌套结构如图 9-2 所示。

图 9-1　完全派生地名的嵌套结构　　图 9-2　通名派生地名的嵌套结构

### 9.2.2　派生地名翻译模式匹配

针对派生地名特点，本章在前文地名翻译的基础上，添加地名构词成分类别信息，形成派生地名翻译模式，如图 9-3 所示。地名翻译模式匹配过程是从地名翻译模式库中找到一组能够不重不漏不交叉的地名翻译模式。根据这一特性，本章提出以下地名翻译模式匹配算法：

图 9-3　派生地名翻译模式

（1）从地名翻译库中搜索一切能与地名进行匹配的地名翻译模式。

（2）根据检索得到的所有地名翻译模式，利用相关矩阵计算地名翻译模式的相关性，当相关矩阵各元素和等于矩阵的迹时，其对应地名模式两两无关。因此，可在各子方块矩阵中，记录各元素和等于矩阵的迹的子矩阵，则可获得两两互不相关的地名翻译模式组合；对于剩余的地名模式，则在相关矩阵中查找与之无关的地名翻译模式。最终提取出两两互不相关的地名翻译模式组合方案。

（3）对地名翻译模式的匹配方案中各翻译模板进行全排列，按照地名翻译模板的翻译顺序对地名进行切分，保留能不漏不交叉的地名翻译模式组合。

根据地名翻译模式匹配算法，可分别对派生地名的派生部分和派生地名自身部分进行地名翻译模式匹配。例如完全派生地名 Central Cross Lake Christian Church，其派生部分为其原生地名 Cross Lake，与之相应的地名模板有 X Lake；其派生地名自身部分为 Central Y Christian Church，地名翻译模板库中与之相匹配的地名模式有 Central X、X Christian X、X Church、X Christian Church，根据其相关矩阵可以获得两两无关的地名模式组合：X Christian X、Central X、X Church 和 Central X、X Christian Church，进而对这些地名模板组合进行全排列，保留能不重不漏不交叉的地名模板组合，最终获得派生地名自身部分的相应的地名翻译模板组合方案［Central X，中心 X，120，190400，A］、［X Christian X，X 基督教 X，110，190400，A］、［X Church，X 教堂，150，190400，G］，［X Christian X，X 基督教 X，110，190400，A］、［Central X，中心 X，120，190400，A］、［X Church，X 教堂，150，190400，G］，派生部分的模板组合为［X Lake，X 湖，170，260205，G］。

## 9.2.3　派生地名结构树消歧

由于在派生地名翻译模板匹配过程中，存在多个地名模板嵌套方案，同时也对应着多种派生地名结构树。对此，本算法利用 BiGram 语言模型对地名模板序列的概率分布进行建模，选择联合概率最大的地名模板序列作为派生地名的地名模板嵌套方案。

$$\text{BiGram}(w_1, w_2, w_3, \cdots, w_n) = P(w_1)P(w_2 \mid w_1)P(w_3 \mid w_2)\cdots P(w_n \mid w_{n-1})$$

式中，$w_1$，$w_2$，$w_3$，$\cdots$，$w_n$ 为单词序列。

例如，完全派生地名 Central Cross Lake Christian Church，根据其派生地名自身部分的匹配方案和派生部分的匹配方案，可形成两种地名结构树，如图 9-4 所示)，根据 BiGram 公式可得派生地名方案一和方案二的对数联合概率，最终选择方案一对应的地名语法树作为派生地名的结构树。

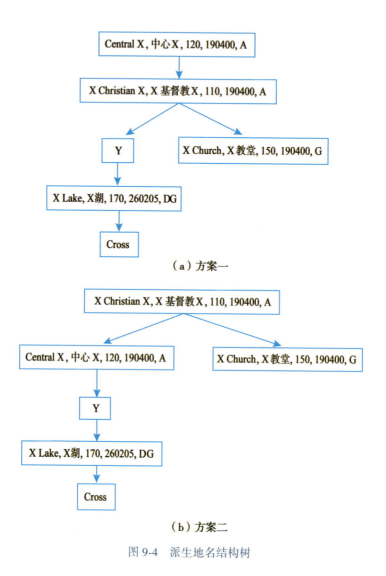

图 9-4　派生地名结构树

## 9.3    地名结构构词成分识别

从地名的构词成分组成来看，派生地名由形容词、方位词、地名专名、介词、连词、数量词、地名通名构成。在地名中出现频率较高的是方位词、介词、连词、地名通名；在地名中出现频率较低的有形容词、地名专名、数量词。由地名语法树的构建过程可知，派生地名语法树的非子叶节点存储的是地名的翻译模板，因此，派生地名语法树的非子叶结点构词成分类别可直接由地名翻译模板中的构词成分类别信息确定。而子叶节点存储的既包含地名翻译模板又包含低频的构词成分。同理，存储地名翻译模板的子叶节点构词成分类别可直接由地名翻译模板中的构词成分类别信息获取，而对于存储低频构词成分的子叶节点，其存储的构词成分由形容词、地名专名、数量词构成，而地名中的形容词和数量词是有限的，因此可利用地名形容词库、地名数量词库对子叶节点存储的地名单词进行形容词和数量词的识别，在进行形容词和数量词的识别后，结合该子叶节点的父节点构词成分类别信息，若父节点属于地名自身部分的构词成分，则该子叶节点为地名专名，若父节点属于地名派生部分的构词成分，则该子叶节点为派生专名。在确定出派生地名结构树各树节点的构词成分后即可得到该派生地名结构树，如图 9-5 所示。

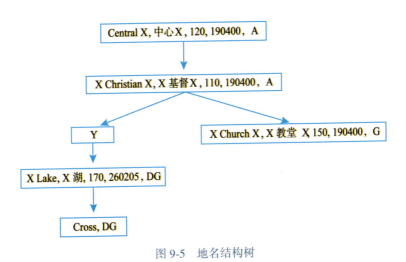

图 9-5    地名结构树

## 9.4  派生地名翻译

从派生地名语法树的结构可知，派生地名语法树由叶节点和非叶节点构成，其中非叶节点存储的是地名的翻译模板，叶节点存储的是地名翻译模板或地名单词。因此，对于非叶节点的翻译可直接通过地名翻译模板中的模板翻译信息获得；同理，对于存储地名翻译模板的叶节点可由地名翻译模板中的模板翻译信息获得翻译结果，而存储地名单词的叶节点则需根据构词成分的类别进行相应的翻译。若叶节点为形容词或数量词，可利用地名形容词和地名数量词库经过匹配后获得翻译结果；若叶节点为地名专名，则需要先利用前述音译技术，获得其音译结果。在获得派生地名语法树所有节点的翻译结果后，采用嵌套翻译的策略，按照"由上至下，由左至右"的顺序，对派生地名语法树各节点的翻译结果进行嵌套组合。根据完全派生地名 Central Cross Lake Christian Church 的地名结构树（见图9-6），得出翻译流程如图9-7所示。

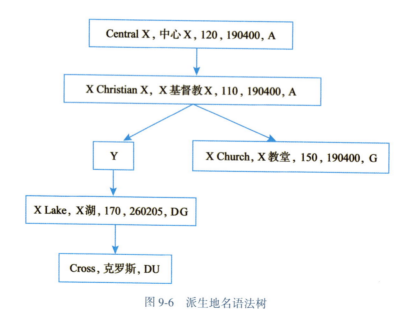

图 9-6  派生地名语法树

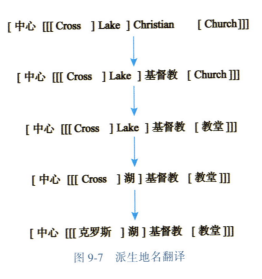

图 9-7　派生地名翻译

## 9.5　实验结果

本实验选取 Geofabri 网站下载的美国纽约州的矢量数据中 1850 条地名数据用于派生地名翻译算法的翻译实验，其中包含 1278 条完全派生地名和 572 条完全派生地名数据。经过人工检查，完全派生地名的正确率达 75.56%，通名派生地名的正确率达 89.23%。本实验分别利用基于原有地名结构树的地名翻译算法与改进后的基于派生地名语法树的地名翻译算法进行对照试验，其中部分实验结果如表 9-1 所示。

表 9-1　　　　　　　　　派生地名翻译实验结果（部分）

| 英文地名 | 改进前的翻译结果 | 改进后的翻译结果 | 派生地名类型 |
| --- | --- | --- | --- |
| Brown School Road | 布朗斯库尔路 | 布朗学校路 | 通名派生地名 |
| Grand Central Parkway | 格兰德中心帕克韦路 | 格兰德中心公园路 | 通名派生地名 |

续表

| 英文地名 | 改进前的翻译结果 | 改进后的翻译结果 | 派生地名类型 |
|---|---|---|---|
| Bronx River Parkway | 布朗克斯里弗帕克韦路 | 布朗克斯河公园路 | 通名派生地名 |
| Erwin Park Footpath | 欧文帕克步行道 | 欧文公园步行道 | 完全派生地名 |
| Kissena Park Greenway | 凯辛娜帕克林荫道 | 凯辛娜公园林荫道 | 完全派生地名 |
| Stead School Road | 斯特德斯库尔路 | 斯特德学校路 | 完全派生地名 |

# 第10章　境外地名翻译生产应用

## 10.1　境外数据地名生产概况

地名作为基础地理信息中的重要地理要素，是地图的眼睛，是定位的依据，是全球地理信息资源建设不可或缺的重要组成内容，离开了地名将直接影响地理信息资源的使用效果与应用深度，导致花费巨额财力、人力、物力所生产的信息资源无法有效发挥作用。我国正在开展的重大测绘工程"全球地理信息资源建设与维护更新"更是将地名作为其中的单独一类数据产品，不再是实体要素的属性，并指定了规范化的生产数据路线。

### 10.1.1　技术流程

地名数据产品按照如图 10-1 所示的技术流程进行。

### 10.1.2　地名数据获取

#### 1. 外文地名数据源分析与确定

目前，地名数据来源主要包括 GeoName、OpenStreetMap、GoogleMap 等网络信息源，拟采用以下指标对数据源进行分析：

（1）数据源地名数量分析：分析数据源地名数量是否满足地名密度指标要求。

（2）数据源属性项分析：分析数据源属性信息和地名分类分级是否符合内容指标要求。

（3）数据源的整体情况分析：从空间分布特征、是否反映实际情况、优点、

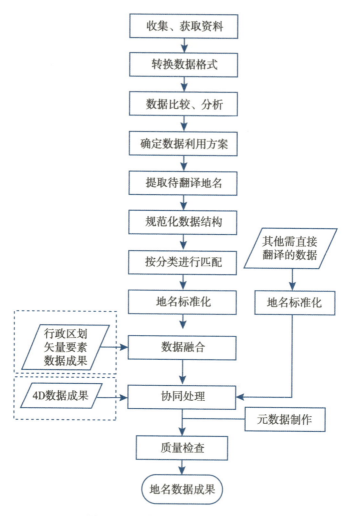

图 10-1　地名数据产品技术流程图

缺点等多个方面分析不同的数据源。

　　①将数据源数据与权威数据比对，分析地名位置、外文拼写、罗马化转写存在的差异。

　　②分析地名数据分布是否合理，局部地区过渡是否自然。

　　③分析不同国家之间地名分布密度是否合理。

④分析地名数据是否存在位置重复现象。

⑤分析地名数量与该国实际地名情况的相符性。

⑥分析地名的国家归属是否正确。

⑦分析地名数据分类是否准确。

## 2. 地名信息网络自动化采集

地名信息网络采集的主要技术流程包括检索资源准备、检索资源优化、网络批量采集三个阶段。

检索资源准备包括任务区政区名称实体序列和检索主题词序列两部分。

任务区政区名称实体序列：根据 GeoNames 等网站，构建任务区所在国家的三级(国家-省-市)行政区序列，形成政区单元数据表。

检索主题词构建：主要通过三种方法：①网站原始分类词获取；②基于地名样本获取类别特征词；③同义词补充，构建地名数据深度采集所需的主题词列表。

检索资源优化通过在测试区域(通常为城市的某个城区，或由 BBox 限定的某个地理区域)，生成的潜在检索词集合构建对应于每一个检索词的查询请求，对深网 POI 数据服务进行贪婪式查询，完整记录每个查询请求及其响应的 POI 数据。

如图 10-2 所示，基于检索词优化与空间自适应的深网数据获取技术主要通过：①信息模板构建，②潜在检索词生成，③贪婪式探测查询，④基于重复覆盖迭代计算的检索词优化，⑤范围自适应剖分与节点动态迁移的空间爬行等五个步骤，实现对 POI、道路、居民地等各类要素的深层次获取。

网络批量采集为开发基于多节点的网络爬行程序，实现结合基于地名类别的分治化任务创建、检索词迭代、空间自适应剖分与归并的层次化数据采集策略，对 GeoNames、OpenStreetMap、GoogleMap 等信息源的地名信息进行深度采集；采集后的数据存储到 MongoDB 等 NoSQL 数据库中，以备进行后续处理。

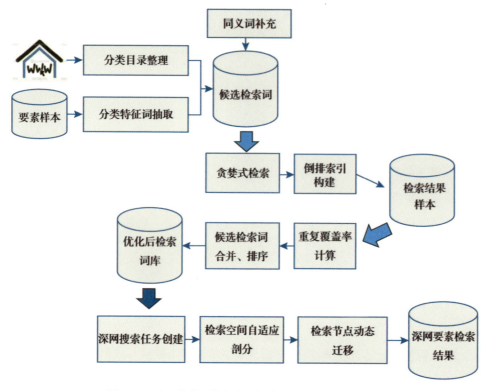

图 10-2　基于检索词优化与空间自适应的深网数据获取

### 10.1.3　地名信息数据处理

地名信息数据处理主要包括地名数据预处理、地名分类属性标准化与待翻译地名数据提取及标准化处理三部分。

**1. 地名数据预处理**

地名数据预处理主要包括地名数据筛选、地名属性信息提取、空间坐标信息转换和重复地名去重等相关处理。

（1）地名数据筛选：考虑地名密度、类型、级别、重要性等因素，对下载的数据进行筛选，保证地名数据质量。

（2）地名属性信息提取：分析地名采集数据中原始的类别属性及其特征，对地名名称、地址信息、分类类型等相关文本属性进行提取，并根据位置信息与坐标定位获取相关的空间属性，同时针对地名数据中原始的类别标签，辅助实现地名数据的预筛选提取。

（3）空间坐标信息转换：针对不同来源的地名数据，根据不同投影坐标系进行空间坐标的转换，实现地名空间位置的统一表达。

（4）重复地名去重：基于同义词林、WordNet、知网等相关知识库，实现地名名称、地址信息与类别等相关文本属性的语义匹配，构建同名地名之间的语义相似度计算模型，并制定同名地名去重策略，实现多源地名数据的融合去重处理。

对不同来源的数据，检验地名数据与任务范围相对位置是否一致，然后按照统一标准的 ArcGIS Geodatabase 格式存储，地名属性表按照表 10-1 进行设置。

表 10-1　　　　　　　　　　　　　　**地名属性表**

| 序号 | 名称 | 名称描述 | 数据类型 | 允许为空 | 长度 |
|---|---|---|---|---|---|
| 1 | ID | 编号，UUID 方式 | TEXT | No | 40 |
| 2 | ENTID | 地理实体码 | TEXT | Yes | 40 |
| 3 | LOCALNAME | 名称 | TEXT | Yes | 100 |
| 4 | ALIASNAME | 别名 | TEXT | Yes | 100 |
| 5 | FORMERNAME | 曾用名 | TEXT | Yes | 100 |
| 6 | ABBREVIATION | 简称 | TEXT | Yes | 40 |
| 7 | ENAME1 | 外文名 | TEXT | Yes | 60 |
| 8 | ENAME2 | 外文名 2，"｜"分隔 | TEXT | Yes | 200 |
| 9 | CNAME1 | 中文名 | TEXT | Yes | 60 |
| 10 | CNAME2 | 中文名 2，"｜"分隔 | TEXT | Yes | 200 |
| 11 | OTHERNAME | 其他名称，"｜"分隔 | TEXT | Yes | 1500 |
| 12 | CLSID | 类别代码 | TEXT | No | 6 |
| 13 | ADDRESS | 地址 | TEXT | Yes | 200 |
| 14 | EMAIL | 邮箱 | TEXT | Yes | 100 |

| 序号 | 名称 | 名称描述 | 数据类型 | 允许为空 | 长度 |
|---|---|---|---|---|---|
| 15 | TELEPHONE | 电话 | TEXT | Yes | 100 |
| 16 | PAC | 政区代码(二级) | TEXT | Yes | 100 |
| 17 | TAG | 标签,"丨"分隔 | TEXT | Yes | 60 |
| 18 | SRCCODE | 数据源编号 | TEXT | No | 8 |
| 19 | SRCID | 所在数据源的 ID 号 | TEXT | Yes | 64 |
| 20 | SRCATTR | 数据源属性 | TEXT | Yes | 500 |
| 21 | ACQDATE | 录入日期 | TEXT | No | 8 |
| 22 | UPDATETIME | 最近更新日期 | TEXT | No | 8 |

## 2. 地名分类属性标准化

首先统计与分析地名采集数据中原始的类别属性,融合与制定一套全覆盖的地名分类体系,再将不同网站中地名相关的分类与融合生成后地名分类体系进行映射关联,最后通过地名数据中原始的类别标签辅助与实现地名类数据的提取,从而达到去除与地名无关 POI 数据的目的。

根据融合后生成的地名分类体系与不同网站来源的地名分类体系之间的映射关系,利用融合后标准的地名类别名称,替换所有数据相关的类别标签,实现地名分类属性的标准化处理。

本项目依据《全球地理信息资源建设项目-POI 分类代码表(国家基础地理信息中心,2019 年 5 月)》整理地名数据分类。首先,将各分类体系映射到上述分类体系,接着,按照地名通名进行修正,并将地名分类结果保存到"CLSID"字段中。

地名归属保存到"PAC"字段中。"PAC"字段使用国家两位字母代码(ISO 3166-1)和国家子行政区代码(ISO 3166-2)表示,代码之间用"."连接,政治敏感地区"PAC"字段赋值应与我国的外交政治立场一致。因现势更新在 ISO 3166-2 代码中还未编码的,"PAC"字段只填写国家两位字母代码;对于有争议或无法确定归属的,"PAC"字段赋空值,特殊区域可以赋两个国家代码,国家代码之间用

"/"分隔；各国国家地名点"PAC"字段只填写国家两位字母代码。

非陆上地名，位于该国海岸线附近的，"PAC"字段赋该国两位国家代码；位于两个及以上国家的海岸线附近无法确定归属的，"PAC"字段赋空值；无法确定国家归属的，"PAC"字段赋空值。

**3. 待翻译地名数据提取及标准化处理**

待翻译地名数据提取包括从源数据中删除重复地名(按照 2km 作为阈值)、删除废弃地名、删除错误地名、选取待译地名等。

选取待译地名主要依据地名密度、类型、级别、重要性等因素进行选取，选取标准如下：

(1)按密度指标原则选取地名。

(2)国家名称、首都、二级及以上行政中心必须选取。

(3)水系名称优先选取各国重要的河流名、湖泊名、运河名、湾名、河道名。

(4)主要陆地地形数据优先选取各国重要的山峰、山脉、平原、高原、岛屿地名。

(5)独立地物名称优先选取重要城市地名。

## 10.1.4　地名转译

**1. 地名转译标准确定**

目前，权威的地名转译资料主要分为两类：一类是国家关于地名翻译标准，另一类是地名翻译辞典。《外语地名汉字译写导则》《外国地名汉字译写通则》《译音表》作为地名译写的基础标准。地名翻译辞典主要是《外国地名译名手册》《世界地名译名辞典》以及《地界地名常用语翻译手册》等资料。

**2. 地名译写原则确定**

地名数据生产译写和修正转写原则如下：

(1)地名译写遵循《外国地名汉字译写通则》《外语地名汉字译写导则》《译音表》等标准，做到译写规范、用字准确。

(2)地名译写遵循"专名音译""通名意译"的原则。专名含有冠词、连词、介词、形容词和属格成分的地名，根据不同情况选择不同的译写方式。

(3)遵循"名从主人"的译写原则。

(4)遵循"保留惯用"的翻译原则。地名中的人名、专有名词等参考《世界人名翻译大辞典》的译法。

(5)译名数据应经过校对、审核。

(6)有争议地区的地名确保符合我国政治立场。

### 3. 地名机器翻译规则库构建

为了支持地名机器自动翻译，需要在现有地名转译标准的基础上构建地名翻译知识库。地名机器翻译规则库主要包括：

(1)地名专名音译规则：地名专名音译规则主要包括对于地名专名音译表以及翻译细化规则。地名专名音译表是以《外语地名汉字译写导则》中的音译表为基础，并结合世界人名翻译大辞典中的音译表来编写的。

(2)地名音译翻译实例库：地名音译翻译实例库主要是地名在地图等正式出版物中的中文译写结果，即约定俗成地名翻译以及常用人名翻译。

(3)地名通名库：地名通名库主要是地名中通名的意译。

(4)衔称库：衔称库主要是关于地名中出现的头衔，需要根据情况进行意译。

(5)翻译规则库：翻译规则库主要是关于地名中介词、数词、特殊字符等情况的处理规则。

(4)地名机器自动翻译：地名机器自动翻译主要采用根据上述关键技术自主研发的地名翻译系统进行翻译，减少后期人工翻译的工作量。

(5)地名翻译结果检验：对于所有翻译结果，统一由人工进行随机抽样检查，对于发现的共性问题，如果是类似的数据可进行集中处理，如果是个性问题则提交给翻译人员进行重新翻译。

### 10.1.5 数据融合处理

将地名数据成果与行政区划矢量要素数据进行融合分析，并与权威地名数据库、公开出版的权威出版物中地名进行比对。数据融合处理内容如下：

（1）与行政区划数据进行套合，检查数据的一级行政归属是否正确。

（2）针对地名数据中存在国家或地区归属错误的情况，结合行政区划数据对其进行修正。

（3）以 2km 作为阈值，检查并处理重复地名。

（4）核实地名数据中二级及以上行政区划几何中心地名的 ENAME1、CNAME1 字段和行政区划矢量要素数据属性中的 ENAME、CNAME 字段是否一致。

（5）核实二级及以上行政区划几何中心地名和行政中心地名分类是否正确。

将地名数据成果与权威数据库和公开出版的权威出版物进行比对，不一致的，原则上以后者为标准进行修改；如果确认后者在拼写、翻译等方面存在错误，则使用地名数据成果的译名并对此地名做备注。

## 10.1.6 地名与 4D 产品协同处理

将地名数据与 4D 产品进行协同处理，保证二者位置关系的合理性和名称的一致性。协同处理时发现的 DLG 数据异常在"DLGBJ"字段中进行记录，发现的地名数据异常在"DMBJ"中进行记录。协同处理要求如下：

（1）距离 1000m 以内，中文名称或外文名称相同的河流地名点和 DLG 河流被认为是同一条河流。铁路、主要公路的处理同河流。

（2）河流地名点距离相应线状河流不大于 200m，或位于面状河流内，中文、外文名称应统一。

（3）海湾海峡地名点应落在海岸线外或面状水系上。

（4）湖泊地名点应位于相应面状水系内，中文名称应统一。

（5）火车站地名点距离铁路不大于 200m。

（6）道路地名点距离相应道路不大于 100m，中文名称应统一。

（7）铁路地名点距离相应铁路不大于 100m，中文名称应统一。

（8）铁路支线、铁路岔道、铁路侧线等地名点距离主干铁路不大于 200m，中文名称应统一。

（9）港口码头地名点距离河流不大于200m，或在陆地上距离海岸线不超过1000m。

（10）航道地名点距离线状河流不大于100m，或位于面状河流内，或位于海岸线以外。

（11）水库地名点应位于面状水系内。

（12）对不合理的落水点位置进行纠正。

（13）一级行政中心地名点、二级行政中心地名点应位于城市繁华区域或居民区。

（14）机场地名点应位于机场100m距离内，采集错误的应删除。

（15）大坝地名点应位于大坝50m距离内，采集错误的应删除。

（16）矿区地名点应位于矿区200m范围内。

（17）三级及以下行政地名应位于建筑群200m范围内。

## 10.2 地名翻译系统架构及功能

系统采用典型的三层架构，分别为数据访问层、业务逻辑层和可视化层。各层功能如下：

（1）数据访问层：以数据库形式存储待翻译地名数据和地名库已经收录的地名(用于与待翻译地名进行对照，如果有相同数据保留现有翻译)以及相关地名翻译规则，如地名翻译模板库、常用构词成分的译法、常用人名的译法。

（2）业务逻辑层：业务逻辑层对数据访问层进行操作，完成具体的翻译任务，并将翻译结果呈现到可视化层。业务逻辑层主要包括地名翻译模板匹配算法和地名专名音译模型。

（3）可视化层：可视化层是用户与系统的交互层，供用户将数据导入数据访问层，发出翻译指令并获取翻译结果。

## 10.3  全球地理信息生产应用情况

本节以澳大利亚部分区域为例，介绍地名数据生产应用情况。

**1. 数据源**

在开源数据网站上下载澳大利亚地名数据，数据来源主要包括免费的全球地理数据库 GeoNames、Google 数据、澳大利亚地名数据库 GAZ 数据。

**2. 系统具体应用**

将地名数据、数据经纬度坐标、地名类别输入研发系统中。首先，系统进行预处理：将地名数据文本中地名数据的英文表达转换为首字母大写形式，并将英文表达中不是英文字符的其他字符去掉，生成待翻译文本，文本中包括 ID、Ename、CLSID、LON、LAT 五个字段；接下来创建结果文本，文本主要包括 ID、Enames、Cnames、CLSID、LON、LAT、实例库标识、音译单词、音译标识(记录音译信息，如包含前后缀信息、人名信息、衔称信息等)、音译单词音标。将地名单词组合转换为单词形式，并对单词进行去重复，批量生成单词音标。逐条对文本中的地名数据进行地名翻译。翻译过程如下：

(1)对单条地名数据与实例语料库进行两公里检查，实例语料库中存在地名数据，则跳出系统翻译流程，返回结果，并在结果文件的实例库标识字段进行信息标注。

(2)对实例语料库不存在的地名数据通过翻译系统流程来翻译：首先识别地名专名和地名通名，地名专名直接进入专名音译流程。地名专名音译流程的第一步是读取音标文件中音译单词的音标，然后进行前后缀识别，满足前后缀规则的单词则进入前后缀音译优化环节，得到前后缀音译优化结果，返回结果并在音译标识上记录单词的前后缀信息。

(3)对于不满足前后缀规则的单词，则进行人名库识别，存在于人名库的地名单词，则返回结果，并在音译标识中记录人名信息。

(4)当地名单词存在于衔称库中，首先判断地名组合中当前地名单词的前后单词是否为人名，是的话将结果格式转换为"人名+衔称形式"，返回结果并在音译标识字段记录衔称信息。

（5）对不满足人名规则的单词，在进行音译的环节，根据单词音标进行音节切分、音译表匹配和结果输出，将翻译结果返回到结果文件中。

（6）将地名专名单词组的翻译结果进行组合，其形式按照地名单词的英文顺序进行组合，并将结果输出到结果文件。

（7）最后关闭实例语料库连接，再关闭结果文件输入，最后关闭系统。

### 3. 数据质量检验

对于本系统翻译的澳大利亚部分区域数十万条地名数据按照"二级检查、一级验收"的方式进行质量检验。

1）一级检查

由生产单位作业部门承担一级检查工作。通过自查、互查的单位成果，才能提交一级检查。一级检查对项目全部成果应进行 100%内业详查。一级检查提出的质量问题，作业人员应认真修改，修改后应在检查记录上签字。经一级检查未达到质量要求的，项目成果资料应全部退回处理。退回处理后的项目成果资料须进行复查，复查的结果应在检查记录中记录。

2）二级检查

由生产单位质量管理部门承担二级检查工作。项目成果经一级检查合格后，才能进行二级检查。二级检查对项目全部成果应进行 100%内业详查。二级检查提出的质量问题，任务承担部门应认真组织全面修改。经二级检查不合格或未达到质量要求的，项目成果应全部退回处理。处理后的成果资料须重新执行二级检查，直至合格为止。二级检查完成后需出具院级检查报告，并在报告中对单位成果进行质量评定。二级检查完成后，书面申请验收。

3）验收

项目成果经二级检查全部合格后，才能进行验收。项目成果的验收单位为国家测绘产品质量检验测试中心，对于验收不合格的批成果要求退回处理，并重新提交验收。重新验收时，应重新抽样。

# 参 考 文 献

[1] 刘保全,李炳尧,宋久成,等.地名文化遗产概论 [M].北京:中国社会出版社,2011.

[2] 牛汝辰,程锦,邓国臣.中华命名观视野下的政区命名对策研究 [J].测绘科学,2014,39（12）:40.46. DOI:10.16251/j.cnki.1009.2307.2014.12.012.

[3] 钟琳娜.全球地名事业发展综述 [J].中国地名,2000（01）:18.

[4] 卞晨光.联合国将推出全球地名数据库 [N].科技日报,2007.08.23（002）.

[5] 杨钰安,郭勇.对新疆地名翻译的分析与认识 [J].青年时代,2019:43-44.

[6] 艾赛丽古丽·吐尔迪.《西游记》中地名的维吾尔语翻译研究 [D].兰州:西北民族大学,2021. DOI:10.27408/d.cnki.gxmzc.2021.000431.

[7] 尼玛顿珠.汉藏互译中藏区地名错写误译现象探析——以仁布县主要村名及部分景点为例 [J].民族翻译,2017（04）:48 + 54. DOI:10.13742/j.cnki.cn11.5684/h.2017.04.008.

[8] 泽仁邓珠.藏汉地名翻译策略分析 [J].读天下,2016（15）:259,286.

[9] 泽珍卓嘎.论木雅地区藏汉地名翻译 [D].拉萨:西藏大学,2016.

[10] 王聪.从中国地名阿译标准看宁夏地区道路名称翻译 [J].散文百家（新语文活页）,2016（08）:221,222.

[11] 高雅镕,高存.地铁站名翻译研究探析——以天津地铁站名为例 [J].中国地名,2018（11）:11,12.

[12] 刘雅文.北上广地铁站名英译用语规范性研究 [J].新纪实,2021（03）:

92, 96.

[13] 魏宏泽. 公示语汉语地名及英译的转喻解读 [J/OL]. 上海理工大学学报（社会科学版）：1.6 [2022.04.17]. http：//kns. cnki. net/kcms/detail/31. 1853. C. 20220117. 0854. 004. html.

[14] Ling Zou. The Research on the Standardization of English Translation of Geographical Names in Zhangjiajie from the Perspective ofSkopostheorie [J]. Frontiers in Educational Research, 2019, 2 (3).

[15] 李捷. 地名翻译中的目标语倾向性 [J]. 标准科学, 2020 (11)：36, 43.

[16] 陈昕 (Jack Chen). 境外地名翻译系统研究与应用 [D]. 西安：西安电子科技大学, 2018.

[17] 牛佳新. 英文中的外来语地名翻译策略——以汉译英文版琅勃拉邦旅游手册为例 [J]. 汉字文化, 2021 (23)：154, 156. DOI：10. 14014/j. cnki. cn11. 2597/g2. 2021. 23. 068.

[18] 蒋小菊. 浅谈铁路工程俄语技术文件中的地名翻译 [J]. 中国地名, 2020 (05)：18-19.

[19] 李飞. 柬埔寨地名文化研究——地名的翻译方法 [J]. 文化创新比较研究, 2019, 3 (04)：58, 60.

[20] Mahmoud Osama Abdel Maboud Taha. Strategies of Translating Toponyms in the GloriousQur'an [J]. همس, 2017, 6 (1).

[21] 民政部, 国家测绘局. 外语地名汉字译写规则 [M]. 北京：测绘出版社, 1997.

[22] 黄遥. 基于译介学视角的唐诗地名专名的翻译策略 [J]. 浙江海洋大学学报（人文科学版）, 2020, 37 (01)：88, 93.

[23] 牛佳新. 英文中的外来语地名翻译策略——以汉译英文版琅勃拉邦旅游手册为例 [J]. 汉字文化, 2021 (23)：154, 156. DOI：10. 14014/j. cnki. cn11. 2597/g2. 2021. 23. 068.

[24] 吴云. 功能理论视阈下的美国地名译写项目翻译实践报告 [D]. 西安：西安外国语大学, 2019.

[25] 侯强, 侯瑞丽. 机器翻译方法研究与发展综述 [J]. 计算机工程与应用,

2019，55（10）：30，35，66.

［26］刘洋. 神经机器翻译前沿进展［J］. 计算机研究与发展，2017，54（06）：
1144，1149.

［27］郎君. 统计机器翻译中翻译模型的约简概述［J］. 智能计算机与应用，
2011，001（001）：13，16.

［28］高璐璐，赵雯. 机器翻译研究综述［J］. 中国外语，2020，17（06）：97，
103.

［29］周嘉剑. 基于英汉平行语料库的双语词对齐系统［D］. 重庆：重庆邮电大
学.

［30］苏依拉，赵亚平，牛向华. 基于统计的蒙汉机器翻译中词对齐方法研究
［J］. 中文信息学报，2018，32（06）：44，51.

［31］冯志伟. 基于短语和句法的统计机器翻译［J］. 燕山大学学报，2015，39
（06）：546.554+560.

［32］Haque R，Naskar S K，Bosch A，et al. Integrating source-language context into
phrase-based statistical machine translation［J］. Machine Translation，2011.

［33］Debajyoty Banik. Phrase table re-adjustment for statistical machine translation
［J］. International Journal of Speech Technology，2020：1，9.

［34］Debajyoty Banik，Asif Ekbal，Pushpak Bhattacharyya. Statistical machine
translation based on weighted syntax-semantics［J］. Sādhanā：Published by the
Indian Academy of Sciences，2020，45（1）：1，1751.

［35］刘群. 基于句法的统计机器翻译模型与方法［J］. 中文信息学报，2011，
25（06）：63，71.

［36］Kazemi A，Toral A，Way A，et al. Syntax. and semantic-based reordering in
hierarchical phrase-based statistical machine translation［J］. Expert systems with
applications，2017，84：186，199.

［37］Chiang David. Hierarchical phrase-based translation［J］. Computational
Linguistics，2007，33（2）：201，228.

［38］J. P. Sanjanasri and M. Anand Kumar and K. P. Soman. Deep learning. based
techniques to enhance the precision of phrase. based statistical machine

translation system for Indian languages〔J〕. International Journal of Computer Aided Engineering and Technology, 2020, 13（1.2）.

〔39〕于佃海, 吴甜. 深度学习技术和平台发展综述〔J〕. 人工智能, 2020 (03): 6+17.

〔40〕刘婉婉, 苏依拉, 乌尼尔, 仁庆道尔吉. 基于门控循环神经网络词性标注的蒙汉机器翻译研究〔J〕. 中文信息学报, 2018, 32 (08): 68, 74.

〔41〕张文, 冯洋, 刘群. 基于简单循环单元的深层神经网络机器翻译模型〔J〕. 中文信息学报, 2018, 32 (10): 36, 44.

〔42〕Pushpalatha Kadavigere Nagaraj et al. Kannada to English machine translation using deep neural network〔J〕. Ingénierie des Systèmes d'Information, 2021, 26 (1): 123, 127.

〔43〕肖桐, 李垠桥, 陈麒, 朱靖波. 深度学习时代下的机器翻译〔J〕. 人工智能, 2018 (01): 32.41.

〔44〕Nguyen Thien et al. Mixed level neural machine translation〔J〕. Computational Intelligence and Neuroscience, 2020.

〔45〕Yang Baosong, et al. Context. aware Self. Attention networks for natural language processing〔J〕. Neurocomputing, 2021, 458: 157, 169.

〔46〕Jordi Armengol. Estapé, Marta R. Costa. jussà. Semantic and syntactic information for neural machinetranslation〔J〕. Machine Translation, 2021, 35 (prepublish): 3, 17.

〔47〕Alam Mehreen, ul Hussain Sibt. Deep learning based Roman Urdu to Urdu transliteration〔J〕. International Journal of Pattern Recognition and Artificial Intelligence, 2021, 35 (04).

〔48〕Ding Liu et al. Investigating back-translation in Tibetan-Chinese neural machine Translation〔J〕. Journal of Physics: Conference Series, 2020, 1651 (1): 012122.

〔49〕毛曦, 颜闻, 马维军, 等. 注意力机制的英语地名机器翻译技术〔J〕. 测绘科学, 2019, 44 (06): 296, 300, 31.

〔50〕颜闻, 毛曦, 钱赛男, 等. 外语地名机器翻译中通专名区分技术研究〔J〕.

测绘地理信息, 2021, 46 (03): 118, 121. DOI: 10.14188/j.2095.6045. 2018427.

[51] 任洪凯, 毛曦, 王继周, 等. 一种英语地名机器翻译方法 [J]. 测绘科学, 2021, 46 (02): 152, 158. DOI: 10.16251/j.cnki.1009.2307.2021.02.022.

[52] 任洪凯, 王继周, 毛曦, 等. 一种阿拉伯语地名的机器翻译方法 [J]. 测绘科学, 2020, 45 (08): 157, 163. DOI: 10.16251/j.cnki.1009.2307.2020. 08.024.

[53] 任洪凯. 一种阿拉伯语地名的机器翻译方法 [D]. 青岛: 山东科技大学, 2020. DOI: 10.27275/d.cnki.gsdku.2020.000052.

[54] 毛曦, 马维军, 高武俊, 等. 一种法语地名机器翻译方法 [P]. 北京: CN113807105A, 2021-12-17.

[55] 颜闻, 刘德钦, 毛曦, 等. 机器学习的地名专名音译技术研究 [J]. 测绘科学, 2019, 44 (10): 87, 92.

[56] 王春苗, 王继周, 毛曦, 等. 深度学习与先验知识结合的英语地名音译技术 [J]. 测绘科学, 2020, 45 (05): 182, 188.

[57] 赵云鹏, 刘新贵, 宋华标, 等. 一种俄语地名专名快速音译方法 [J]. 测绘与空间地理信息, 2016, 39 (06): 47, 49, 55.

[58] 毛曦, 马维军, 王继周, 等. 阿拉伯语地名专名音译方法、装置、翻译设备和存储介质 [P]. 北京: CN111460809A, 2020-07-28.

[59] 毛曦, 马维军, 王继周, 等. 英语地名通名的确定方法、装置、翻译设备和存储介质 [P]. 北京: CN111460790A, 2020-07-28.

[60] D. J. Rao, S. S. Mane, M. A. Paliwal. Biomedical multi-hop question answering using knowledge graph embeddings and language models [J], 2022.

[61] U. Jaimini, A. Sheth. Causal KG: causal knowledge graph explainability using interventional and counterfactual reasoning [J], 2022.

[62] 缪乃阳. 基于语义扩展监督主题模型的多模态社会事件分类 [D]. 合肥: 合肥工业大学, 2021.

[63] 王红, 卢林燕, 王童. 航空安全事件知识图谱补全方法 [J]. 西南大学学

报（自然科学版），2020，42（11）：31-42.

［64］L. Peng. Disaster prediction knowledge graph based on multi-source spatio-temporal information ［J］. Remote Sensing, 2022（14）.

［65］谢炎宏，王亮，董春，等. 面向地震灾害防治的知识图谱构建方法研究［J］. 测绘科学，2021，46（10）：219-226.

［66］刘鎏. 基于地理本体的吉林地域知识图谱的构建［D］. 北京：北京交通大学，2017.

［67］刘波，高煜，丁鹏程，等. 基于 GIS 的城市规划知识图谱研究［J］. 城市建筑，2020，17（16）：49-52.

［68］M. Zrhal, B. Bucher, Van Damme, et al. Spatial dataset search: building a dedicated knowledge graph ［J］. Agile: Giscience Series, 2021, 2.

［69］C. A. Tian, B Yz, C Xq, et al. A knowledge graph-based method for epidemic contact tracing in public transportation ［J］. Transportation Research Part C: Emerging Technologies, 2022（137）：103587.

［70］韩子延. 船舶涂装工艺知识建模与获取技术研究［D］. 苏州：江苏科技大学，2020.

［71］赵东. 应急通信系统中链路及软件的故障诊断相关技术研究［D］. 沈阳：沈阳理工大学，2009.

［72］刘大滢，赵盛. 非结构化数据的 ETL 设计方法探讨［J］. 科技创新与应用，2014（14）：70.

［73］陈志云，商月，钱冬明. 基于知识图谱的智能答疑系统研究［J］. 计算机应用与软件，2018，35（2）：178-182.

［74］赵晓函. 面向知识图谱补全的嵌入方法研究［D］. 曲阜：曲阜师范大学，2021.

［75］M. Nickel, V. Tresp, H. P. Kriegel. A Three-Way Model for Collective Learning on Multi-Relational Data ［C］//International Conference on International Conference on Machine Learning, 2011.

［76］G. Shu, W. Quan, B. Wang, et al. Semantically Smooth Knowledge Graph Embedding ［C］//Proceedings of the 53rd Annual Meeting of the Association for Computational Linguistics and the 7th International Joint Conference on Natural Language Processing（Volume 1：Long Papers），2015.

［77］高夏．基于知识图谱的个性化学习平台的设计与实现［D］.西安：西北大学，2021.

［78］J. Pearl, A. Paz. GRAPHOIDS：A Graph-based logic for reasoning about relevance relations［J］, 1985.

［79］H. Lin, L. Yong, W. Wang, et al. Learning entity and relation embeddings for knowledge resolution［J］. Procedia Computer Science, 2017, 108：345-354.

［80］F. M. Donini, M. Lenzerini, D. Nardi, et al. Reasoning in Description Logics［M］：Foundation of Knowledge Representation, 1996.

［81］N. Lao, T. M. Mitchell, W. W. Cohen. Random Walk Inference and Learning in A Large Scale Knowledge Base［C］//Proceedings of the 2011 Conference on Empirical Methods in Natural Language Processing, Emnlp 2011, 27-31 July 2011, John Mcintyre Conference Centre, Edinburgh, Uk, a Meeting of Sigdat, a Special Interest Group of the Acl, 2011.

［82］A. Bordes, N. Usunier, Alberto Garcia-Duran, et al. Translating Embeddings for Modeling Multi-relational Data［C］//Neural Information Processing Systems, 2013.

［83］L. Galarraga, C. Teflioudi, K. Hose, et al. AMIE：Association Rule Mining under Incomplete Evidence in Ontological Knowledge Bases［C］//International Conference on World Wide Web, 2013.

［84］W. Xiong, T. Hoang, W. Y. Wang. DeepPath：a reinforcement learning method for knowledge graph reasoning［J］, 2017.

［85］Lecun Y, Huang F J, Bottou L. Learning methods for generic object recognition with invariance to pose and lighting［C］. Computer Vision and Pattern Recognition, 2004. CVPR 2004. Proceedings of the 2004 IEEE Computer Society Conference on, 2004.

［86］彭雅琴，成孝刚．一种优化的卷积神经网络深度学习算法［J］. 现代电子技术，2016（23）：1-3.

［87］ Palangi H, Deng L, Shen Y, et al. Deep sentence embedding using long short-term memory networks: analysis and application to information retrieval ［J］. IEEE/ACM Transactions on Audio Speech & Language Processing, 2016: 1-1.

［88］ Jordan M I. Attractor dynamics and parallelism in a connectionist sequential machine ［J］. Proc. annu. conf. of the Cognitive Science Society Amherst Ma, 1986: 531-546.

［89］ Šter B. Selective recurrent neural network ［J］. Neural Processing Letters, 2013, 38 (1).

［90］ Y B, P S, P F. Learning long-term dependencies with gradient descent is difficult ［J］. IEEE Transactions on Neural Networks, 1994, 5 (2).

［91］ Hochreiter S, Schmidhuber J. Long Short-Term Memory ［J］. Neural Computation, 1997, 9 (8): 1735-1780.

［92］ Mikolov T, Karafiát M, Burget L, et al. Recurrent neural network based language model ［C］. INTERSPEECH 2010, 11th Annual Conference of the International Speech Communication Association, Makuhari, Chiba, Japan, September 26-30, 2010.

［93］ Sundermeyer M, Schlüter R, Ney H. LSTM Neural Networks for Language Modeling ［J］, 2012.

［94］ A G F, J S, F C. Learning to forget: continual prediction with LSTM ［J］. Neural computation, 2000, 12 (10).

［95］ Jozefowicz R, Zaremba W, Sutskever I. An Empirical Exploration of Recurrent Network Architectures ［C］. International Conference on International Conference on Machine Learning, 2015.